인공지능 시대,
인간 통역 40년을
돌아보다

인공지능 시대,
인간 통역 40년을
돌아보다

INTERPRETER

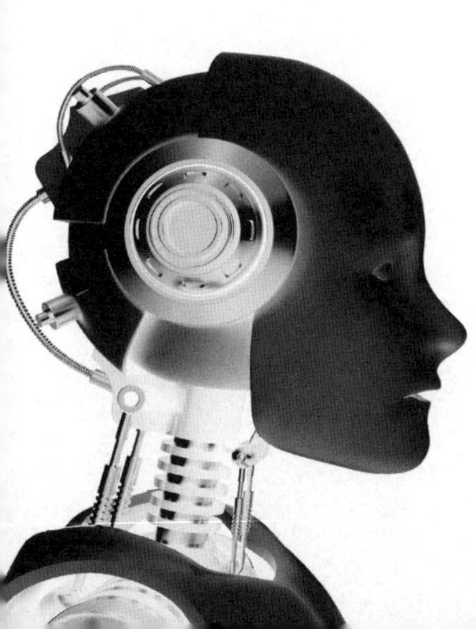

곽중철 지음

HU:iNE

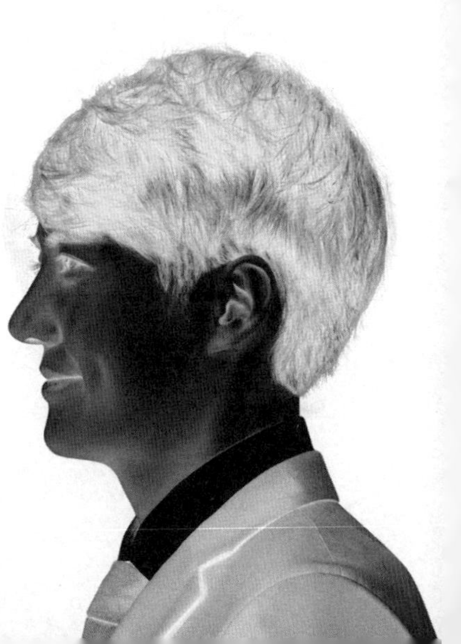

※ 저자 학력

1976.02	한국외대 영어과 졸
1979.09	동 통역대학원 1기 입학
1980.09~1983.06	파리 3대학 통역대학원(ESIT) 국제회의통역자격 취득 (한국어/영어/불어)
1996.02	연세대 언론홍보 대학원 졸업 (석사)
2003.08	경희대 대학원 신문방송학과 언론학 박사

※ 경력

1976.03~1978.06	학군 14기 육군 통역장교로 행정학교, 대통령 경호실 근무
1984.05~1988.12	서울 올림픽 조직위 통역안내과장/수석통역사
1989.02	국제회의통역사협회(AIIC) 정회원 가입(한국인 1호)
1990.11~1993. 05	대통령 공보 비서관(3급) 겸 통역관
1994.03~1999.02	YTN 국제부장/위성통역 팀장
1999.03	한국외대 통역대학원 전임교수 임용
1999.08~2001.07	동 통역연구소장

2000.10 서울 ASEM Ⅲ 정상회담 통역조정관

2001. CSTV Korea CNN 동시통역 팀장

2001.08 한국외대 BK21 특화사업단 통역번역센터 소장

2001.09 한일 월드컵 조직위원회 통역자문위원

2002.06 한일 월드컵대회 미디어센터 통역담당관

2002.11 제2차 외교통상부 민주공동체 서울회의 통역 담당

2003.01 평창 동계 올림픽 유치위원회 자문위원

2003.05 법무부 세계 반 부패회의 통역 조정관

2003.08 대구 유니버시아드 통역 자문 및 통역

2004.05 세계여성지도자회의(GSW) 통역 총괄

2004.09 대검찰청 제9차 세계검사협회(IAP) 연례총회 통역 총괄

2004.09 외교통상부 UNDP Good Governance 회의 통역 총괄

2004.10 삼성전자 상해 글로벌 로드쇼 통역 총괄

2005.05 행정자치부 정부혁신세계포럼 통역 총괄

2006.02 한국외대 13대 통역번역대학원장 보임

2006.05 국제통번역대학원협회(CIUTI) 서울총회 주최 후 동 이사 선임

2006.12 제15회 도하 아시안 게임 한영 통역 자문

2009.06 보건복지인력개발원 의료통역사 양성 통역 책임교수

2010.11 G-20 서울 정상회의 통역자문위원
2010.11 광저우 아시안게임 기자회견 영어통역 담당
2011.04 대구 세계육상연맹(IAAF) 이사회 통역
2011.06 세계검사협회(IAP) 총회 및 검찰총장 정상회의(WS) 통역 총괄
2011.08 대구 세계육상대회 기자회견 동시통역
2011.11 부산 세계개발원조총회 통역자문위원
2012~2015 한국통번역사협회(KATI) 3대 회장
2014.02 한국외대 연수평가원장/평생교육원장
2014.08 한국외대 통번역센터장
2014.09 인천아시아 경기대회 MPC 기자회견 동시통역 총괄
2017.08 세계번역가연맹(FIT) 이사 선임

서문

1983년 파리 유학에서 돌아와 올림픽조직위, 대통령비서실, YTN 등에서 통역 현업을 마치고 1999년 모교에 임용되었을 당시 조그만 출판사를 경영하던 아내가 "꼭 필요할 것"이라며 만들어 준 개인 홈페이지 www.jckwak.net가 20년 동안 교수 생활의 동반자가 될 줄은 몰랐다. 정년을 앞두고 20년 동안 업로드한 내용을 어떻게든 책으로 남기고 싶어 우선 학교 출판원에 문의했는데 뜻밖에도 단순한 정리를 넘어 시중에 판매될 수 있는 저서 발간으로 방향을 바꾸게 되었다. 오래전에 쓴 글들은 상황이 달라지거나 시류에 어긋나는 내용도 있었으나 역사적 기록으로 그냥 두었다. 출판원의 백승이 작가와 함께 홈페이지 내용의 약 1/10만 추려 이 책을 만들게 되었는데 더 많은 내용이 궁금하신 독자는 홈페이지를 방문해주시면 감사할 것이다.

여기서 이 저서를 가능하게 해준 가족에 감사한다. 이 책의 바탕이 된 개인 홈페이지를 만들어준 집 사람과 통역이라는 직업을 가진 가장을 지켜봐 준 딸이 고맙다. 필자야 통역이라는 국내 최초 직업에 뛰어들어 갈 때까지 가보자 뛰었지만 아무도 경험하지 않은 가장의 불안한 앞날을 가슴 조이며 지켜봤을 것을 생각하면 미안한 마음이 커진다. 주위에선 내 이력을 "화려하다"라고 말하지만 직장을 열 번이나 바꾼 그 고비마다 고뇌가 컸다. 그 아픔을 멋모르고 함께 해준, 많지 않은 두 식구에게 뜨거운 사랑을 보낸다.

목차

인공지능 시대,
인간 통역 40년을 돌아보다

40년 통역사 인생, 그 짜릿했던 기억들

이 맛에 통역하지

우즈베키스탄 여행기(2011. 10. 16)

안식년 후 해외 여행을 자제했는데 전혀 예상 밖으로 중앙아시아의 우즈베키스탄의 수도 타시켄트(Toshkent)를 다녀왔다. 몇 년 전에 우리 대학원 한노과를 졸업하고 현재 의료통역사 교육을 같이 하고 있는 N씨가 우즈벡의 고려인 출신일 뿐 아무런 관심도 없었던 나라에 가게 된 것은 그 나라 외교부 산하 대학의 통역 센터 설립 요청에 대해 그 타당성을 조사하기 위해서였다.

그 사업의 재정적 지원자가 바로 KOICA, 50년 만에 수원국에서 원조국으로 바뀐 대한민국을 상징하는 기관이다. 국가 사업에 동참한 경력이 제법 화려한 나도 개발 원조(ODA)를 주는 사업은 처음이라 새로운 경험이었다. 얼마만큼 지원할 것인지를 정해 놓고 상대방의 희망과 실제 니즈를 파악하는 과정은 새로운 경험이었다. 첫 경험인 만큼 정신적으로 힘들었던 기억이 있다.

현지 대학 총장 등 간부진과 통역 담당 교수를 만나 사흘을 협의한 결과, 우리 애경홀보다 조금 작은 영화관 시설에 동시부스 네 개를 설치하는 등의 공사를 하여 빛나는 국제회의장을 만들고, 그 맞은 편 방에 부스 두 개를 설치하여 우리 학교의 501-2호와 비슷한 크기의 동시 연습실을 하나 만들어 주기로 했다. 그들이 원하는 만큼의 동시 시설은 아직 필요가 없음을 판단하는 것이 전문가로 초빙된 나의 역할이었다.

우즈벡은 빈국이었다. 72년 동안 소련의 위성국으로 있다가 독립했으니 36년 일제에서 독립한 우리보다 두 배로 자주성을 잃고 있었다. 우선 젊은 세대는 모국어 대신에 러시아어만 쓰고 있었고, 우즈벡어는 새로운 용어들이 만들어 지기 전이었다. 우즈벡에 사는 120여 인종 중 하나인 고려인은 똑똑하고 근면한 사람들로 인정받고 있으며, 1주일간 우리를 통역한 안젤리카 킴이라는 여성도 훌륭한 러-한 통역과 매너로 보호 본능을 느끼게 했다.

인터넷은 회선 용량이 작아 새벽에만 접속이 용이할 뿐 낮 동안은 끊기기 일쑤였다. 미인이 많다던 소문은 과장된 것이었지만 멜론과 수박 맛이 괜찮았고, 햄버거와 함께 파는 케밥도 맛있었다. 7-8시간 걸리는 비행과 4시간의 시차가 은근히 사람을 힘들게 한다는 것도 알게 되었다.

20년 넘게 장기 집권하는 정권 하에서 살아가는 그 양순한 국민들을 보며 우리를 빈곤에서 구한 박정희 대통령이 자꾸 고마워졌다. 우리보다 못 사는 나라를 위해 온갖 어려움을 감내하는 KOICA 직원들에게 경의를 표한다. KOICA의 박대원 이사장은 1987-8년 서울 올림픽 조직위 국제국에서 동료 과장으로 일했고, 전대완 주우즈벡 대사는 고교 2년 후배로 러시아 전문 외교관이어서 그가 오찬 도중 해준 말씀은 임무 수행에 큰 도움이 되었다.

ps: 1주일 내내 우리를 실어날랐던 우즈벡 기사는 약 65세의 다리가 불편한 아저씨로 재산을 털어 샀다는 현대 스타렉스 디젤 SUV에 대한 자부심이 컸다. 그의 삼성 핸드폰 수신음은 영화 대부의 주제곡인 앤디 윌리암즈의 Speak softly love였는데, 끝까지 들어보자는 나의 장난기 어린 요청에 약 이틀간 수십 번을 들려주어 같이 간 요원들의 귀를 아프게 했다.

2014년 9월 우즈벡의 러-한 통역사 연수단 10여 명이 우리 학교에 오게 되어 필자는 반갑게 맞이했고, 영어로 몇 번의 특강을 하면서 마침 우리나라에서 열리고 있던 인천아시안게임에서 뛰는 우즈벡 대표팀의 경기를 그들이 가서 응원할 수 있게 주선했다. 가끔씩 순박했던 그들이 생각난다.

월드컵 통역

월드컵 통역 드림팀(2001. 6. 3, 조선일보 논단)

1984년부터 1988년까지 서울 올림픽 조직위원회의 올림픽 통역 업무를 총괄한 경험 덕분에 몇 년 전부터 월드컵 조직위로부터 월드컵 통역에 대한 자문을 받으며 이에 대한 연구를 해오고 있다. 월드컵과 올림픽 통역은 어떤 차이가 있을까?

우선 올림픽은 조직 위원회가 거국적인 지원을 받아 큰 재량권을 가지고 운영할 수 있는 행사였던 데 반해 월드컵은 국제축구연맹(FIFA)의 입김이 절대적이다. FIFA가 주는 예산으로 모든 행사를 치러야 하는 상황이니 조직위의 운신의 폭은 그만큼 좁아진다. 올림픽처럼 전국적으로 1만명이 넘는 외국어 자원 봉사자를 동원하면서 IOC 총회 등 관련 국제회의의 동시통역과 전문 번역을 위해 국내 전문 통·번역사 뿐 아니라 50명이 넘는 외국인 전문 통 · 번역사를 초빙했던 여유를 부릴 수 있는 처지도 아니고 그럴 필요도 없다. 외국어 통역 안내 자원 봉사 요원부터 말하면 13년 전인 올림픽 당시보다 우리 국민 일반의 외국어 구사 능력이 크게 향상되었기 때문에 올림픽 만큼의 인력이 필요하지 않다. 축구라는 단일 종목 행사인 만큼 자원봉사도 '만물박사'가 필요했던 올림픽과는 달리 '전문 지식'을 가진 '전문적인 자원봉사'면 된다. 축구 경기장에서 입장권을 들고 좌석을 찾는 외국인에게 어느 방향으로 가서 몇 번 입구로 들어가 어느 계단을 올라가야 한다는 안내를 전공 외국어로 자신 있게 해줄 수 있는 인력을 소수 정예로 확실하게 선발, 교육시켜야 한다는 얘기이다.

전문 통역 분야에 있어 월드컵 대회의 관건은 이른바 믹스트 존(Mixed Zone)에서 이루어지는 기자회견 통역이다. 각 경기가 끝난 뒤 득점을 하는 등 결정적인 역할을 한 스타 플레이어들을 중심으로 경기장 하프라인 바깥에서 플래시 인터뷰(flash interview)라고 불리는 즉석 회견이 이루어진 후 기자회견장이 있는 믹스트 존(mixed zone)에서 정식 회견이 열리는데 이게 전문 통역사들에게도 악몽으로 불릴 만큼 힘들다. 왜 그럴까?

첫째, 대부분의 기자회견이 그렇듯 좁은 회견장에 200명 가량의 보도진이 몰리니 북새통이다. 신문과 TV 카메라의 플래시와 조명이 비치고, 시끄러운 상태에서 조용하고 차분한 통역은 애시당초 기대할 수 없다.

둘째, 취재 경쟁과 마감 시간이 급한 기자들이 통역을 채근한다. 통역이 여의치 못하면 금방 불만이 터져 나온다. 기자란 순한 사람들이 아니다.

셋째, 가장 큰 문제는 축구 선수들이 공을 차는 사람들이지 말을 잘하는 사람들이 아니고 말을 즐기는 사람들이 아니란 것이다.

모두가 고등교육을 받은 사람도 아니고 수줍어하면서도 그 많은 축구 전문 용어를 속어로 내뱉는 경우가 많다. 또한 같은 불어라고 해도 프랑스 선수가 하는 말과 아프리카 선수가 하는 말이 다르고, 스페인 선수가 하는 스페인어와 남미 선수들이 하는 스페인어는 분명히 차이가 있다.

이런 점들을 감안할 때, 이 전문 통역에 국내외 통역사를 한 팀으로 하는 소수 정예를 제안한다. 즉, 주최국 한국의 언론을 위해 스포츠에 조예가 깊고 경험이 있는 국내 전문 통역사와 월드컵 공식 언어인 영어, 불어, 스페인어를 기본으로 하고 포르투갈어 등도 통역할 수 있으면서 지난 월드컵 대회 통역 경험이 있는 소수의 해외 전문 통역사를 초빙해 수많은 외신 기자들을 잠재워야 한다. 국내 자원만으로는 역부족이다.

공동 개최인 이번 월드컵 대회는 세계가 모든 면에서 한국과 일본을 비교할 것이다. 기자회견 통역 분야는 내외신 기자들이 직접 느끼고 평가하는 분야다. 그 평가는 즉각 보도에 반영된다. 경기력 향상을 위한 투자도 중요하고 경기장 밖의 관광을 위한 대비도 중요하지만 월드컵 통역이야말로 지금부터 준비를 서두르는 것이 현명할 것이다.

그 해 6월은 행복했네(2002. 6. 28)

'그 해 겨울은 따뜻했네...'라는 싯구처럼 이 해가 가고 나면 우리는 '그해 유월은 행복했네'라고 회상할지 모른다. 바로 2002년 한일 월드컵이 열렸던 6월을 말하는 것이다. 2001년 9월 우여곡절 끝에 월드컵 조직위의 통역 자문위원으로 위촉받은 이후 여러가지 준비 작업을 했지만 금년 6월이 그처럼 행복할 것이란 자신은 없었다. 통역 서비스도 문제지만 한국 대표팀의 성적이 대회 성공 여부에 큰 관건이 될 것임을 알고 있었기 때문이다.

지난 4월부터 시작된 통역 단기 고용 인력 배치를 위해 참 고민을 많이 했다. 우리 통역대학원 중심으로 인력을 배치한다는 원칙 하에 졸업생, 휴학생, 재학생을 어떤 비율로 할 것이며 누구를 어디에 배치할 것인가?

그 보수는 어떻게 할 것인가를 놓고 조직위 미디어 지원국과 줄다리기가 계속되었다. 졸업생을 쓰려니 하루 15만원이란 겉보기에 낮은 보수가 마음에 걸렸고, 휴학생을 쓰려니 재학생 눈치가 보이고, 재학생을 쓰려니 6월의 1학기 말 학사 일정이 신경 쓰이고...

외대 통역 센터 3층 소장실에 앉아 전화를 참 많이 했다. 졸업생 중 꼭 하고 싶다는 사람도 많았지만, 마지못해 해볼까 하는 사람들에게는 월드컵은 우리 생애에 다시는 없다고 하며 설득했다. 재학생 중에는 약간의 관심을 보이는 사람보다는 날 찾아와 수업에 빠지더라도 꼭 월드컵에 참여하고 싶다는 학생들을 우선 배치했다. '모험이 없다면, 얻는 것도 없다.(Nothing ventured, nothing gained.)'

내가 근무할 서울 삼성동 코엑스의 국제 미디어 센터, 서울의 상암 경기장, 인천과 수원 경기장 등 4개 근무지를 놓고 인력 배치를 위한 모자이크를 시작했다. 미디어 센터에는 매일 오전 11시에 있는 일일 언론 브리핑 동시통역을 위해 금년 졸업한 회의 통역반 출신 3명을 뽑았고, 통역이 아닌 언론 배포용 참고 기사를 작성할 리포터에는 번역을 잘하는 작년 졸업생 4명을 배치했다.

상암 경기장에는 나와 YTN에서 근무했던 15기 남자 졸업생을 수석 리포터로 휴학생 1명과 재학생 1명을 배치했으며, 인천 경기장엔 부산 출신의 졸업생 밑으로 2학년 회의 통역반에 재학중인 여학생 4명과 번역반 남학생 2명을 배치했다.

수원 경기장엔 수원 근처에 사는 남자 졸업생 아래에 2학년 여자 재학생 4명을 배치했더니 여자 졸업생 2명이 다른 경로로 채용되었다.

그들이 얼마나 일을 해 줄지, 어떤 평가를 받을지, 일이 끝난 후 얼마나 만족할지 불안한 마음이었다. 행사의 전체 분위기도 어떻게 흘러갈지 몰라 운명에 맡기는 수밖에 없었다.

5월 20일부터 시작된 미디어 브리핑의 동시통역은 역시 쉽지 않았다. 얼마 전 조직위 직원으로 채용된 두 졸업생, 그리고 금년 졸업생 3명과 함께 통역을 준비했는데, 몇 달 안 되는 통역 준비로 몇십 년의 역사를 쌓은 FIFA의 복잡한 업무를 완벽히 통역할 수는 없었다.

FIFA 간부들의 영어 발음은 각양각색으로 특히 강한 불어 악센트와 귀찮다는 듯 내뱉는 빠른 말이 어려움을 더 했다.

FIFA 총회, 집행위 회의가 끝난 후 열리는 기자회견은 특히 통역이 힘들다. 옆 부스에서 통역하는 FIFA 전속 외국인 통역사들은 몇 년 동안 FIFA 통역을 했고, 더군다나 회견 전의 회의를 통역하고 나온 터여서 내용을 소상히 알고 있으니 문제가 없지만 우리는 회의 내용을 하나도 모르고 맨땅에 헤딩하듯이 통역해야 했다. 그런 사정도 모르는 국내 기자들은 통역이 매끄럽지 못하다고 불평을 하기 마련이다.

또 이번 서울에서 열린 FIFA 조직위와 총회, 그리고 집행위 회의는 블래터 회장의 비리 문제가 초점을 이루어 간부들이 신경전을 벌이며 FIFA의 복잡한 재정 상태를 각종 수치를 들먹이며 발언했기에 더욱 힘들었다. 통역이 끝나고 가책을 느끼는 후배들에게 나는 "괜찮아... 6월 30일쯤 되면 완벽하게 할 수 있을 거야. 동시통역이란게 다 그런거지"하며 위로했다.

작가 최인호가 한 소설에서 갈파했듯이 우리가 여행을 떠나 어느 마을에서 며칠을 묵게 되면 그 며칠 동안 그 마을의 수백 년 역사와 사연을 알지 못한 채 떠나오듯, 수십 년 역사의 FIFA를 우리 통역사들은 한 달 동안 맛만 보고 끝나는 것이다.

6월 초, 일일 언론 브리핑에 어느 정도 자신이 붙어가면서 오후 3시 반이나 8시 반에 열리는 경기를 보러 상암으로. 인천으로, 수원으로 미디어 셔틀을 타고 가기 시작했다. 각 경기장 SMC(Stadium Media Center)에 들러 거기서 근무하고 있던 제자들을 만나고 인사를 받는 것이 너무 반갑고 행복했다. 상관들이 대부분 공무원이라 융통성 없는 조건 하에서 근무하며 경기도 마음대로 보지 못하는 제자들을 보면서는 가슴이 아팠다. 그래서 간부들에게 "너무 빡빡하게 일 시키지 말라. 월드컵은 모두가 함께 즐기는 것 아니냐? 오늘은 나도 왔으니 제자들과 함께 경기를 보게 해달라"고 했다. 본부석 맞은 편에 있는 취재석(Media Tribune)의 공간이 넉넉한 좌석에 제자들과 함께 앉아 관전하면서 느끼는 행복감이란 이루 말할 수 없었다.

월드컵 대회 근무자들이 받는 등록 카드(Accreditation Card)의 위력은 대단한 것으로 입장권 없이 경기장에 무상으로 출입이 가능하다. 한미전을 보러 고향인 대구에 가서도 마찬가지였다.

비록 혼자였지만 대구 경기장의 기자석에 앉아 우리 팀을 응원하면서도 나는 행복했다. 우리 팀의 성적을 우려하던 분위기는 폴란드를 2:0으로 이기고 난 후 완전히 바뀌었고 우리 통역사들도 더 자신감을 갖고 통역을 하는 계기가 되었다.

나는 그 날 밤 집에서 가족과 함께 TV를 봤는데 너무 감격스러워서 경기 후 함께 집을 나와 근처 호텔에서 드라이 진을 더블로 석 잔이나 마시고서야 잠을 잘 수 있었다. 16강전, 8강전보다 그 첫 승리가 더 감격스러웠음은 나만이 아니었을 것이다.

일일 브리핑 동시통역을 비롯한 우리의 통역 업무도 더 자신있게, 더 여유를 가지고 할 수 있었다. 그러는 동안 우리 통역사들은 언론인을 위한 사교 행사에 사회자로, 연설 통역사로 동원되기도 했다. 6월 20일부터는 미디어 센터와 FIFA 미디어팀이 일본 요코하마 미디어 센터로 이동해 서울에서는 요코하마의 화상을 받아 통역하는 화상 회의 통역을 하게 되고, 그만큼 긴장감도 줄어들었다. 서울 미디어 센터의 기자 수도 눈에 띄게 줄어들었다.

나는 작년 켄페더레이션스컵 행사로 인연을 맺었던 아디다스사가 다시 아디다스 회장의 기자회견을 통역해줄 것을 의뢰하여 미국 팀이 머물던 서울 메리어트 호텔로 갔고, 작년보다 쉽게 임무를 마칠 수가 있었다.(6/24, 월요일)

한독전이 있던 6월 25일(화) 두 시부터는 여의도의 MBC 스포츠 제작국으로 가 차범근과 펠레의 대담을 동시통역했다. 펠레는 영어에 능통하지 못해 하고 싶은 말을 마음대로 못하는 것 같아 그의 말에 살을 붙여 통역했다. 방송국 사람들은 그런 통역에 좋아하는 것 같았다.

낮 두시의 방송을 누가 볼까 싶었는데 녹화된 테이프를 발췌, 편집해 저녁 한독전 직전에 트는 바람에 곽교수 통역을 들었다고 반가워하는 사람이 많은 것이 놀라웠다. 생방송 통역은 정말 많이 떨리는데 20년 정도 하고 나니 그 두려움이 'less unpleasant' 해 진다는 말에 공감했다.

한독전에 패하고 난 후 미디어 센터에 오니, 월드컵이 끝나고 있음을 실감할 수 있었다. 한달 남짓 일한 미디어 센터도 그리워질 것이란 예감이 들면서 1988년 30대 초반 5년을 보낸 서울올림픽이 끝난 후 너무 허무해 조직위 MPC 사무실에서 깡 소주를 마시던 추억이 떠올랐다. 왜 인간이란 가만 있지 못하고 자꾸만 추억거리를 만드는 것일까?

통역 자문위원으로 이번 월드컵에 관여함에도 몇 번의 고비가 있었다. 첫째는 조직위 전체의 자문위원으로 위촉되면서 주로 미디어 지원국의 해외 언론 통역 지원 업무에 전념하게 된 과정이다. 임채민 지원국장은 노태우 대통령 시절에 같이 청와대 공보 비서실에서 근무한 인연이 있어 큰 도움이 되었다.

두 번째는 2001년 12월 부산의 조 추첨 행사에 후배 11명과 함께 내려가 약 닷새 동안 같은 업무를 해 본 것이 큰 경험이 됐다. 그 행사가 끝난 후 조직위 관계자들은 통역대학원의 업무 결과가 역시 다르다는 결론을 얻었고, 그것이 본 경기 행사로 이어진 것이다.

세 번째는 2002년 2월 말 도쿄에서 열린 월드컵 워크샵에 내가 억지 참가를 한 것이다. 자문위원이란 가만 있으면 아무 것도 할 일이 없는 빛좋은 개살구 같은 역할이다. 그러나 내가 대학원 제자들을 이끌고 월드컵에 참여하려면 대회 준비의 마지막 행사인 이 워크샵에 직접 가봐야할 것임을 본능적으로 느끼고 조직위에 적극적으로 요청해 따라가게 된 것이다.

도쿄에서 여러 FIFA 관계자. 한국에서 온 각 경기장 별 미디어 부장과 미디어 오피서, 미디어 연락관들을 만나 안면을 익힌 것이 매우 큰 도움이 되었다. 그 행사를 보고 나니 본 대회에서 어떻게 해야겠다는 감이 잡혔던 것이다. 3월 개학을 앞두고 귀찮고 게으른 생각에 도쿄에 가지 않았다면 오늘의 이 결과는 없었을 것이다.

후배와 제자들은 이런 내 맘을 알까? 알든 모르든 지난 6월은 행복했다.

대구 세계육상대회

대구 세계육상대회(2011. 4. 14)

2011 대구 세계 육상대회는 여름 방학이 끝나는 8월 27일(토)부터 9월 4일(일)까지 9일 동안 열린다. 8월의 더운 날씨는 선수들에게 불리하지만 '세계 육상 8월 개최'는 전통으로 지켜지고 있어 8월 말 지구 온난화와 악명높은 대구의 늦 무더위가 어떤 영향을 줄지 궁금하다. 벌써부터 선수촌의 방마다 에어컨을 달아야 한다는 지적이 나오고 있다. 세계 3대 스포츠 행사 중 하나로 4년마다 열리는 올림픽의 2주일, 월드컵의 한 달보다 짧지만 100m, 마라톤, 장대높이뛰기 등의 인기는 국제적이라 많은 관중과 TV 중계의 관심 대상이다. 육상대회는 2년마다 열려 2009년에는 베를린, 2007년에는 오사카에서 열렸다. 우리나라에는 아직 스타 육상 선수가 없고, 인기가 시들한데 대구 대회가 '그들만의 잔치'가 될지, 국내 육상의 분위기를 바꿔 놓을지 두고 볼 일이다.

몇 달 전 대구의 고위 관계자로부터 4월 10-12일 대구에서 열리는 세계 육상연맹(IAAF, I double A, F로 읽음)의 영, 불, 서 동시통역 견적을 내달라는 요청을 받고 작업에 착수했다. 유럽에서 IAAF 전속으로 일하는 통역팀의 견적이 너무 높다는 이유였다. IAAF 같은 중소 기구의 전속 통역팀은 고위층과 인연을 맺어 점점 더 많은 통역료를 요구하는 경향이 있기 마련이다. 나는 우선 3개 언어의 외국인 통역사 수를 다섯으로 줄이고(영어 발언이 많아 영어 부스의 통역이 적기 때문) 주로 유럽에서 오는 통역사들을 모두 이코노미석에 앉히기로 하고 견적을 뽑았더니 예산이 반 이상으로 줄었다.

88년부터 함께 일해 온 벨기에 국적의 통역사에게는 "통역료가 준다고 통역 품질이 떨어져서는 안된다"고 강조했다. 8일 대구의 본부 호텔 인터불고에 도착해 보니 유럽 전속 통역팀의 불만이 컸다는 말이 떠돌고 있었다. 연맹 회장도 통역팀이 바뀐 줄 모르고 있다가 전속팀의 불만을 접수한 모양이다. 이제 새 통역팀의 실력을 보여주는 일만 남았다. 10일 오후의 집행위에 이어 11일 이사회가 시작되자 이사들은 "새 통역팀은 어디서 왔나? 누가 섭외했나? 아주 잘한다. 전속팀보다 낫다"는 소리가 퍼지기 시작했다. 어떤 이사는 "8월 회의에도 다시 오라. 회장한테 얘기하겠다"는 약속까지 했다. 고인 물은 썩는 법, 한 조직의 통역도 오래 하다 보면 수석 통역사가 부패하고 능력없는 통역사를 끼워 넣어 전체 통역 수준을 낮추는 것이다.

대구 조직위에 내려보낸 30-31기 우리 졸업생 둘은 고향에서 아주 보람찬 직장 생활을 하고 있어 흐뭇했다. 아직 업무에 통달하지 않아 능숙하지는 않았지만 8월쯤이면 눈을 감고도 통역할 수 있을 것이라 격려했다. 12일 이사회 직후의 기자회견은 세네갈 국적의 회장이 불어로 하겠다고 해서 나보고 전체 회견을 통역하라고 했다. 나는 "회장 불어만 통역할 테니 영어는 원안대로 우리 졸업생이 한다"고 못박았다. 통역료도 받지 않고 내가 제자의 일을 뺏을 필요는 없지 않은가? 회견장에 가보니 단상 오른쪽에 순차 통역석이 두 개 마련되어 있었고, 나는 제자와 함께 재미있게 통역을 마쳤다. 사회를 본 IAAF의 홍보국장은 대구에 와 불한 통역도 되는 것이 신기했는지 회견 끝에 "통역사들에게 박수"를 유도했다.

이제 남은 건 8월 말의 대회와 동시에 열리는 IAAF 이사회 및 총회다. 두 회의의 동시통역을 다시 주선하게 될지, 회장이나 금메달리스트의 기자회견 통역이나 맡게 될지 아무도 모른다. 확실한 것은 대구 대회가 역대 최고로 끝나게 될 것이라는 점과 그것을 위해 6개월-1년 6개월을 뛴 우리 졸업생 2명은 9일 만에 끝나버릴 대회 후 심한 허무감과 아쉬움을 느끼게 될 것이라는 점이다. 37세까지 5년의 청춘을 올림픽에 바친 내가 그들에게 해 줄 수 있는 애정 어린 경고다.

대구 육상 통역 결산(2011. 6. 5)

지난 2주일간 대구 육상대회 통역을 마치고 막 돌아왔다. 8월 23일 내려갈 때와 마찬가지로 한영과 31기 2명과 함께 내 차를 타고 돌아왔다. 이번에 내 차는 대구 스타디움 미디어 주차장 주차권을 앞에 붙이고 빛나는 역할을 했다. 동대구역 앞 숙소에서 경기장을 매일 왕복하면서 경기장 셔틀버스 대기 시간을 절약시켜줘 남는 시간과 정력을 통역에 쏟아부을 수 있게한 애마 역할을 톡톡히 했다. 이런 큰 국제 대회에서 행사장 주차권한은 임무 수행에 큰 도움이 된다. 일반 차량이 접근을 하지 못하는 경기장 주차장을 아무런 제지 없이 들락거릴 수 있으니 말이다. 그 주차권 한 장으로 우리는 최초 계약서 내용 이외의 어떤 추가 사항도 조직위에 요구하지 않고 조용하고 묵묵히, 미디어 센터 통역에 관한 한마디 잡음 없이 임무를 완수했다. 그들도 우리의 능력과 프로 정신을 인정할 것이다.

동대구역 앞 숙소도 주변 환경은 나빴지만 경기장과 시내에서 모두 가깝고 조용해 아주 편리했다. 대회 기간 중 동대구역에서 KTX를 타고 3번이나 서울을 당일치기로 다녀왔다. 딸의 대학 졸업식, 친구 딸 결혼 주례, 토요일의 의료통역사 강의를 마치고 저녁에는 다시 통역 업무에 복귀했으니, 전국은 정말 1일 생활권이었다.

이번에도 갓 졸업한 31기 두 명을 투입한 나의 용인술은 완벽한 성공을 거두었다. 젊은 사람들답게 며칠 만에 통역 내용과 대처법을 터득해 나를 편안하게 해줬다. 특히 후반에는 영한 동시 뿐 아니라 한 번의 불어와 몇 번의 스페인어 순차 통역 수요가 발생했는데 불어는 내가 영어로 처리했고, 31기 중 한명이 스페인어도 너끈히 영어로 해내어 조직위 관계자들을 흐뭇하게 했다. 통역사 섭외 과정에서 러시아어 구사자를 넣을까 하다가 그러지 못했는데, 국제 육상연맹의 사회자가 러시아 출신이라 러시아 통역은 문제가 없었으니 모든 것이 잘 맞아 떨어진 것이다.

나야 올림픽 5년에 월드컵, 유니버시아드, 아시안게임 등 스포츠 통역 경력이 무진했지만 아무런 경험이 없던 신참 통역사들이 스포츠 행사를 배우는 속도는 눈부실 정도였다. 그들도 짧은 기간에 엄청난 경험을 쌓았음을 두고두고 느끼게 될 것이다.

우사인 볼트 등 스타 선수들뿐 아니라 아프리카, 유럽, 러시아 등 세계 각국 메달리스트들의 약간은 수준 낮지만 실로 다양한 영어 발음과 악센트를 하루 3시간여 5-6개 기자회견에서 들으며 통역하는 '돈 주고도 못 해볼 경험'을 쌓은 것이다. 이제 누가 영어를 해도 알아들을 만큼...

1년이상 준비한 행사를 마치고 이제는 내일부터 학교 강의로 복귀한다. 당분간 신나는 실무는 없을 것이다. 지난 1년여 안식년 동안의 다양한 실무 경험을 추억으로 간직하며 일상으로 돌아간다.

대구 육상대회여 안녕...

세계 검찰 총장 정상회의(2011. 7. 17)

2011. 6. 27(월)부터 7. 1(금)까지 세계검사협회(IAP) 연례 총회 및 검찰 총장 정상회의 동시통역을 운용했다. 서울 소공동 롯데 호텔에서 사흘, 삼성동 코엑스 국제회의장에서 이틀을 살았다.

UN 공식 언어(영어, 불어, 스페인어, 러시아어, 중국어, 아랍어) 6개 언어를 위해 해외에서 2명씩 12명과 한국어 3명 등 총 15명을 초빙했고, 계약액 US $107,543 + 12명 호텔 숙박료를 더하면 1억이 훨씬 넘는 비용이 들었다. 그나마 내가 제시한 예산이 최저였기 때문에 경쟁자들을 물리치고 수주에 성공했다. 지난 1월부터 준비를 시작했으니 금년 상반기 내내 머리속을 떠나지 않은 숙제였다.

문제는 검찰 측 조직위가 검사들답게 통역사와 통역의 품질을 끊임없이 의심하는 것이었다. 특히 우리 통역대 29-30기 졸업생인 내국인 통역사들의 연소함에 맘을 놓지 못했다. 밀고 당기는 갈등은 다 털어놓을 수도 없지만 첫날부터 우리 팀의 실력은 만천하에 드러났다. 사흘이 지나자 외국인 참석자들의 평가를 들은 주최 측은 "통역이 잘 되고 있다. 한국어 통역도 참 잘하더라"라는 칭찬을 했다.

중국어를 쓰는 중국, 대만, 홍콩에서 온 검사들은 모두 영어로 발언해 중국어 통역사 2명은 영중 통역만 했고, 우리 검사들도 모두 영어로 발언해 우리 통역사 3명은 '해외파'라는 별명이 무색하게 영한 통역만 해 글로벌 시대를 지배하는 '영어의 위력'을 느낄 수 있었다.

우리 대통령이 주최한 6월 30일 오전 10시 리셉션에 맞춰 택시를 타고 가다 쏟아지는 비 때문에 늦어져 차에서 내려 빗속을 뛰었던 기억은 끔찍하다. 다행히 9시 전 행사장에 도착해 영어, 한국어 통역사를 제외한 5개 언어 해외 통역사들을 데리고 리셉션장에 갔더니 알아서 자기 언어를 쓰는 검사들 옆에서 영어를 알아듣는 이명박 대통령에게 영어로 통역해주는 그들의 노련한 모습에 감명을 받았다.

마지막 날 검찰 총장이 조직 위원장을 통해 "통역이 정말 잘된 것 같다. 격려 선물을 하나씩 주라"는 격찬이 나왔고, 나를 비롯한 각 분야 자문 위원들은 모두 다음 주 수요일인 6일 만찬에 초대받았다. 그러나 그 전 월요일인 4일 그는 사표를 던져 행사는 무산되었다. 어쨌든 나는 월요일 오전에 불-영-한 통역을 위해 파리행 에어프랑스를 타고 지구 서편으로 날아가야 했기 때문에 검찰 총장을 더 이상 볼 수가 없었다. 1988년 서울 올림픽이 끝나자 회포를 풀 시간도 없이 '5공 청문회 정국'에 빠져들었던 기억이 새로웠다.

프랑스 투자 진흥청 회의(2011. 7. 12)

6개월을 씨름했던 검찰 총장회의가 끝나기도 전에 파리에서 뜻밖의 이메일을 받았다. "AIIC(국제회의통역사협회) 회원 명부에서 당신의 연락처를 찾았다. 7월 6일 파리에서 약 2시간의 불-영-한 동시통역이 있는데 파리에 와줄 수 있느냐"는 것이다. 평소에도 유사한 문의는 종종 있었고, 학교 강의때문에 영한 통역의 경우 제자를 보낸 경우가 있었지만 이번에는 불어가 끼여 있으니 그러지도 못하고 설마 하면서 요청 비용을 써보냈더니 정말 국제 전화가 와서 "와달라"고 했다.

세상에 아무리 통역을 중시하는 유럽이지만 2시간 통역을 시키기 위해 1,000유로가 넘는 통역료에 10시간이 넘는 비행을 해야 하는 서울에서 오는 비즈니스 클래스 항공권에, 3박의 1류 호텔 숙박비도 부담하겠다니 놀라운 일이었다.

4일 아침 출발해 현지시간 4일 오후 파리 CDG 공항에 도착하니 주최 측이 예약한 콜택시가 기다렸다가 파리 15구의 노보텔(257 RUE DE VAUGIRARD)로 모셔다 주었다. 하루를 쉬면서 시차를 극복하는 도중 이메일로 도착하는 회의 자료를 검토하고 있었더니 "혼자서 하는 식사는 영수증을 주면 환불하겠다"는 약속도 했다.

회의는 프랑스 투자 진흥청(AFII, 영어로는 Invest in France Agency)이 한국 기업인들을 위한 설명회였다. 당일 1시 반 다시 주최 측이 불러준 콜택시로 14구의 회의 장소로 갔다. 통역 파트너는 외대 통대를 중퇴하고 내가 졸업한 파리통역대학원 ESIT의 한불 번역 과정을 수료한 후배 여성이었다. 주불 한국대사와 주 파리 한-불 상공회의소장의 한국어 연설을 내가 영어로 통역하면 옆 부스의 프랑스 통역사가 불어로 통역하고, 나머지 프랑스 기업인들의 불어 연설은 우리 둘이 불한 통역을 나누어서 했다. 실로 불한 통역은 오랜만에 해 보는 것이라 쉽지 않았다. 예를 들어 million이라는 숫자는 불어도로 million이지만 billion은 billion이 아니라 milliard라는 불어 단어가 따로 있었음를 부스 속에서 깨달으며 통역하는 식이었다.

만족은 하지 못했지만 "잘 때웠다"고 자위하며 통역을 마치는 순간 프랑스 투자 진흥청장이 "한국의 평창이 2018년 동계 올림픽 개최권을 따냈다"고 축하했다. 그 때가 현지시간 6일 오후 5시를 넘긴 시각이었다. 진흥청을 나와 1980-83 유학시절 중 첫 1년을 보냈던 같은 14구의 대학 기숙사촌(Cite Universitaire)으로 지하철을 타고 갔다. 내가 살던 영국관의 2층 방을 바깥에서 다시 핸드폰으로 찍어두고 걸어서 호텔로 돌아오며 도대체 프랑스란 나라와 파리란 도시, 불어란 외국어는 나랑 무슨 인연이 있을까 다시 생각하게 됐다.

다음 날 오전 급행 전철(RER)을 타고 3시간 전에 다시 CDG 공항에 도착했더니 여행객이 너무 많아 공항이 아수라장이었다. 세계 제일이라는 인천 공항의 우수한 인력과 극도로 효율적인 입출국 절차가 실로 그리웠다. 수많은 여행객이 초조하게 긴 줄 속에서 기다리고 있는데도 카운터 앞에선 여행객, 그리고 옆의 동료 직원과 천연덕스럽게 쓸데없는 농지거리를 주고받는 지상 여직원은 한 대 쥐어박고 싶었다. 아, 그리운 고국이여...

국가 대표 통역사, 역사를 기록하다

남북체육회담의 추억(2017. 6. 30, 매일경제)

오는 6월 30일까지 열리는 세계 태권도 선수권대회 참석 차 김포에 도착한 북한의 장웅 IOC 위원은 2018년 평창 겨울 올림픽 남북 분산개최와 일부 종목의 남북 단일팀 구성에 대해 "(남북의) 국가 올림픽위원회가 약속한다고 되는 일은 아니다. IOC가 개입해야 한다. 바흐 IOC 위원장이 오면 논의될 것이다"고 잘라 말했다. 또 24일 문재인 대통령이 세계 태권도대회 개막식에서 남북 단일팀을 제안하자 2시간 만에 "올림픽까지 시간이 촉박해 현실적으로 쉽지 않다"는 견해를 내비쳤다. 필자는 88

서울 하계 올림픽대회를 앞두고 일부 종목의 북한 분산개최를 위한 IOC 주관의 4차례 남북체육회담을 모두 동시통역한 경험에 비추어 장웅 위원의 견해에 동의하지 않을 수 없다.

서울 올림픽을 앞두고 1985년 10월부터 1987년 7월까지 이틀씩 4차례 IOC 본부가 있는 스위스 로잔느에서 IOC 주재로 열린 남북체육회담은 길고도 지루한 과정이었다. 돌이켜 생각해보면 탁구와 양궁의 일부 경기를 북한에 준다는 명분으로 네 차례나 회담을 했지만 남북한과 IOC 모두 그것이 성사되리라고 믿지는 않았다. 우리와 IOC는 LA 올림픽에 이어 북한이 또 올림픽을 보이콧할까 봐 '북한 달래기'로 대회 개회까지 시간을 벌자는 속셈이었고, 북한은 남한의 대회에 작은 숟가락만 올려놓는 자존심 깎는 행동을 할 마음이 처음부터 없었으므로 체면상 회담에 참석했다가 갖가지 이유를 대며 대회 보름 전인 1988년 9월 2일 불참 성명을 발표했던 것이다.

로잔느의 회담은 참으로 독특했다. 한가지 말을 쓰는 남북한의 회담인데 IOC가 주재했기에 영어로 진행되었고, 남북한 대표들의 우리 말 발언은 각각 영어로 통역되어 IOC 측에 전달되었다. 뿐만 아니라 IOC 측의 영어 발언도 남북 통역 부스에서 각각 한국어로 통역되어 각 대표단의 귀로 전달되었다. 필자(당시 조직위 통역 안내과장)는 후배 통역사 1명과 함께 한국 대표단이 앉은 좌측 뒤의 부스에 앉았고, 옆 창문으로 보이는 오른쪽 부스에는 북한 측 통역사 2명이 앉아 통역했다. 회담이 끝나면 통역사들은 어색하게 인사하고 가져온 담배를 서로 나누기도 했다.

스페인 바르셀로나가 고향인 사마란치 위원장이 묵고 있던 로잔느 팰리스 호텔의 각각 다른 층에 숙소를 잡은 약 20명씩의 남북 대표단은 매일 아침 호텔 1층에서 조식을 하며 만났지만 회담은 1시간을 넘기는 경우가 많지 않았다. 각각 지구의 반 바퀴를 돌아 로잔느에 도착하기 전 이미 각 측 본부의 지침을 받아 왔기 때문에 회담이 시작되면 금세 이견이 표출되었고, 논쟁이 조금이라도 과열되면 IOC 위원장이 정회를 선포하고 "각 측의 의견을 다시 조율해 내일 아침 다시 만나자"고 했기 때문이다. 필자가 통역을 시작한 후 후배에게 마이크를 넘길 시간도 안돼 회담이 중단되기 일쑤였다. 따로 호텔로 돌아온 두 대표단은 다시 각각 대책회의를 하고 본국 본부의 지시를 기다렸다가 이틀째 회의에 나갔다. 남는 시간은 스위스의 아름다운 풍광과 맛있는 치즈를 즐기기도 했지만 4차까지 회담을 하다 보니 지루하기 짝이 없었다. 이틀간의 회담이 끝나면 본부에 제출할 회담 결과 보고서를 밤을 새워 만들곤 했다. 이런 모든 긴 과정을 함께 지켜본 장웅 위원이 "시간이 없다"고 하는 건 당연한 일이다. 우리 선수단은 동계 올림픽의 단일팀이나 분산 개최에 신경 쓰지 말고 경기 준비에 만전을 기해주기를 바란다. 장 위원이 "지난 1991년 세계 탁구선수권대회에서 단일팀을 구성할 때도 회담을 22차례나 진행하며 다섯 달이 걸렸고, 정치는 항상 스포츠 위에 있기 때문"이라고 말한 것은 오랜 경험에서 나온 것이다.

모터케이드(Motorcade)(2015. 11. 3)

지난 일요일 주차난이 예상됐지만 소공동 조선호텔로 차를 몰고 갔고, 2시 조금 전 호텔 입구에서 일본 아베 총리의 모터케이드가 청와대로 향하는 장면을 차 안에서 목격했다. 모터케이드란 고관들의 나들이에 나타나는 일행의 차량 행렬이다. 주위 사람들도 긴장해서 눈을 두리번거리는 모습을 보니 30-40대 청와대 근무 시절이 떠올랐다. 남자가 공직 생활 중 즐기는 분위기 중 하나일 것이다. 대중이 바라보는 가운데 검은 세단을 타고 교통 통제가 되는 도로를 미끄러져 나가는 기분 말이다. 경찰의 오토바이와 백차가 불을 번쩍이며 호위(convoy)를 하는데, 경호원들이 차 주위를 에워싸거나 무장한 모습으로 주위의 위해 요소를 체크한다.

내가 대통령을 통역하며 경험한 최고의 모터케이드는 1990년 경 유럽 순방 도중 들렀던 런던에서 시장 주최 오찬을 위해 런던 시청으로 가던 행렬이었다. 기억이 희미하지만 국빈 방문이라 대통령 내외는 영국 의전 마차로 앞서고 나도 통역을 위해 턱시도를 입은 대통령을 따라붙으려고 모터케이드의 제법 앞쪽 차량을 얻어탔다. 나도 블랙타이 차림이었을 것이다.

일행이 묵었던 아주 오랜 역사를 자랑하는 클래릿지(CLA-

RIDGE)라는 런던 시내 최고급 호텔에서 런던 중심가를 지나 시청에 도착하니 입구에서 가발까지 쓰고 전통 의상을 입은 시장 일행이 대통령을 맞았다. 1층 연회장으로 들어서니 전통 악대가 음악을 연주하는데 귀에 익은 듯한 멜로디가 이상하게 가슴을 뭉클하게 하면서 눈물이 핑 돌았다. 20년 이상이 지난 최근 나는 그 음악이 혹시 영국 국가로 불리는 찬송가 70장(구 79장)이 아니었을까 생각한다.

중국 전승절 행사(2015. 8. 24)

중국이 다음 달 3일 열리는 항일전쟁 승리 70주년 기념 열병식을 위한 예행연습을 진행했는데 최신 무기가 대거 동원됐고, 병력 만여 명이 참가했다고 한다. 무기 장비 500여 대, 군용기 200대가 동원됐고, 중국 신화통신은 올해 열병식에서 중국은 역사상 가장 많은 전략 미사일을 전시할 예정이라고 한다.

원거리와 중거리·근거리, 신형 미사일 등 7종류를 선보일 것이며 미사일 숫자는 150기를 넘을 전망인데 중국은 2009년 열병식에서 미사일 108기를 공개한 바 있다. 이번 열병식에 동원된 무기 장비 가운데 84%가 신무기로, 중국군의 발전한 모습을 보여줄 것이다. 신화통신은 또 공중 급유기, 전폭기, 전투기, 헬기 등 모든 항공 전력이 총출동하는 것은 이번이 처음이라고 보도했다. 이번 열병식에는 일본군과 직접 싸웠던 항일부대 노병들이 참가하고, 러시아와 카자흐스탄 등 10여 개국이 파견한 군대와 대표단도 참여할 예정이다.

이 열병식에 박근혜 대통령이 참석한다면 그는 1974년부터 1979년 10월1일까지 아버지와 함께 참석한 우리 국군의 날 행사를 상기할 것이다. 필자는 육영수 여사가 서거했던 1974년 8월 15일 직후인 10월 1일 지금은 공원으로 변한 여의도 516 광장에서 열린국군의 날 열병식에 참가했다.

필자는 ROTC 14기로 1년차인 대학 3학년 때 외대 장교 후보생으로 국군의 날 열병식에 참가하라는 명령을 받았다. 그 해 8월에는 다른 대학 후보생 약 200명과 함께 중앙대와 연세대 교정 등에서 행진 연습을 하다가 9월부터는 여의도로 가 현역 장병 약 5천명에 합류했다. 추석날에도 그 넓은 광장에서 '걸음마' 연습을 계속했는데 군대를 갔다 온 사람도 그 행사의 분위기를 상상하기는 쉽지 않을 것이다.

대광장을 가득 메운 5천여 장병 중 ROTC와 예비군은 서울대교(현 마포대교) 쪽 좌측 끝에서 훈련을 받았다. 그 이유는 현역 장병보다 수준이 많이 떨어져 별도로 훈련을 받았기 때문이다. 아나운서가 설명을 시작한다. "대통령 각하께서 타신 승용차가 서울 대교를 통과했으므로 곧 이 식장에 도착하시겠습니다."

제병지휘관은 이소동 중장. 그가 마이크로 "부대 차려!"를 외치면 예하 부대장들이 복창하고 장병들은 단상에서 가까운 순서대로 차려총 자세를 취한다. 대통령이 임석하면 "대통령에 대한 받들어 총" 명령이 떨어진다. 5천 장병의 "충성" 구호가 끝나려면 10초 이상 걸린다. 대통령은 5성의 원수급이니 같은 멜로디가 5번 반복되는 경례음악이 대규모 군악대의 연주로 웅장하게 울려 퍼진다. 남자로 태어나 국군 통수권자인 대통령이 된 자부심을 가장 절실하게 느낄 수 있는 순간일 것이다. 필자는 대통령이 또 자부심을 느끼는 것이 대통령 특별기를 타는 시간이라고 생각한다. 일등석을 모두 대통령을 위해 개조한 대형 비행기를 타고 야당이 없는 해외로 나가는 기분은 정말 좋지 않겠는가? 필자는 12번 대통령의 해외여행을 수행했다.

대통령이 연설하는 기념식이 끝나면 대통령은 제병지휘관과 무개차를 타고 도열해있는 육해공 및 해병대 장병들을 단상에서 오른쪽 끝부터 열병한다. 대통령이 각 부대 앞을 지나기 직전에 부대장은 "우로 봐" 구령을 하고 부대원은 얼굴을 45도로 돌려 지나가는 대통령 얼굴을 따라보다가 정면에서 멈춘다. 더 이상 보면 안 된다. 맨 왼쪽에 서 있었던 필자도 구령에 따라 우로 봐를 했는데 박정희의 얼굴은 인자해 보였다. 키가 작았는데 157센티였다니 정말 작은 거인이었다. 당시에는 필자가 군대 생활을 그의 경호실에서 복무하게 될 줄은 꿈에도 몰랐다.

열병이 끝나고 대통령이 단상에 복귀하면 분열식이 시작된다. 대통령은 단상에 서 있고 장병들이 행진하며 단상 앞을 오른쪽에서 왼쪽으로 지나가는 것이다. 역시 단상의 약 20미터 전방에서 우로 봐를 한다. 맨 오른쪽 열은 우로 보지 않고 전방을 응시한다. 이때 남녀 아나운서는 각 부대를 설명한다. 예를 들면 "주황색 유니폼도 산뜻한 여군 부대!" 등이다.

분열 도중 역시 열병에 참가한 군악대가 주옥같은 군가를 우렁차게 연주한다. "원수의 적을 향해 밀어나가자. 굳센 우리 앞엔 가랑잎이다. 겨누는 조준 속에 몰려드는 적. 우리는 무찌른다. 추한 가슴들. 우리는 보병이다. 국군의 자랑. 우리는 보병이다. 국군의 기둥, 우리는 보병이다. 국군의 자랑" 등의 곡조는 장병들의 사기를 한껏 돋우었다. 나는 보병가야말로 최고의 군가라고 생각한다. 분열이 끝나고 식이 마무리되면 일부 정예 부대들은 서울 도심 행진에 나서고 광화문 등지에서 시민들은 꽃가루를 뿌리는 것이다.

필자는 1974년부터 1978년까지 군대 체험 중 이 국군의 날 행사가 가장 큰 기억으로 남아있다. 통역 장교로 군사 영어교관, 경호실 번역요원 등 특과로 군 생활을 한 이유도 있겠지만 그래도 이 행사가 필자의 국가관과 사생관을 정립하는데 가장 큰 계기가 되었다고 믿는다. 북경에 갈 때마다 천안문 광장을 좋아하는 필자를 친구들은 이상하게 생각하지만 이번 전승절 행사는 CNN으로 처음부터 끝까지 지켜볼 것이다. 마음 속으로 "보병가"를 부르며...

군 복무 시절 얘기를 할 때마다 안타까운 것은 중요한 시점마다 찍어놓은 사진이 거의 없다는 사실이다. 지금이야 스마트폰으로 얼마든지 사진을 찍을 수 있지만 당시에는 휴대폰은 물론 카메라도 흔치 않았고, 사진기가 있어도 찍을 엄두를 내지 못했다. 특히 군 내에서 사진기를 꺼냈다가는 "군기가 빠졌다"는 말을 들었을 테니까. 20대 중반 67kg의 젊은 시절의 나와 전우들의 모습을 상기시켜줄 사진이 없다는 것이 나를 한없이 쓸쓸하게 만든다. 전투복, 정복, 하계 약정복을 입은 초급 장교의 모습이 그립다. "남는 건 사진 뿐"이라 했는데...

2013년 IMF 총재 통역(2013. 12. 6)

보름 전쯤 IMF 홍보실에서 이메일이 왔는데 서울에서 있을 기자회견 영한 통역을 해줄 수 있는지를 물어와서 일정을 보니 졸업시험 기간이라 일단 될 것 같다고 답신을 했다. 2년 전 기획재정부에서 IMF 연례 협의회가 끝난 후 기자회견을 했던 경험도 있어 호기심이 발동했다. 지난 학기 중에는 한-EU 대표단 회의 통역을 위해 브뤼셀로 오라는 제의도 학교 일정 때문에 못 가 아쉬웠던 기억이 있다.

며칠 후 보도를 보니 라가르드 총재가 서울에 온다는 것이었고, 일이 커진 것을 깨닫고 준비를 시작했다. IMF와 기재부 홈피를 중심으로 관련 자료를 보며 용어를 정리하다 보니 역시 거시 경제는 간단한 주제가 아니었다. 2년 전 경험 이후 저서 [통역강의록]에도 한 챕터를 할애하고 1/2학년 영한 시간에 몇 번이나 라가르드 총재의 연설을 다뤘음에도 그 분야는 계속 모르는 용어(예: tapering---버냉키 연준 의장이 임기 말에 만든 양적완화 축소라는 조어)와 내용이 남아있었다. 준비 중에 수업에서 설명 못했던 부분들도 비로소 알게 됐다. (예: 유럽 재정 위기에서 core란 프랑스, 독일 등 유럽 중심 국가, periphery란 그리스, 이태리 등 주변 국가, 같은 유로 단일 통화권이지만 금융 통합이 안돼 상이한 금리 등으로 주변국들이 불리한 고

통을 받고 있다는 등등...)

11월 말 이메일로 계약서를 받고 보니 12월 5일(목) 3시에 광화문 프레스 센터에서 한 시간가량 회견이 있을 테니 2시까지 현장에 출두하라는 것이었다. 또 동시통역이라는 얘기를 듣게 되었다. 무심코 알았다고 하면서 "나 혼자 통역하는 거 맞지?" 라고 물었는데 놀랍게도 "같이 할 동료가 있으면 추천하라, 계약서를 보내겠다"는 답변이 돌아왔다. 이런 곳에서 보내는 이메일을 읽어보면 영어도 훌륭하지만 IMF 등 유수 국제기구 직원들의 신속/정확성과 효율성에 감동을 받는다. 몇 시간을 통역하든 "일이 되게 하기 위해 얼마간의 예산은 쓸 수 있다"는 분위기와 함께...

한 시간 회의면 혼자 못할 것도 없고, 일단 혼자 하게 되면 죽이 되든 밥이 되든 혼자 최선을 다하게 돼 더 큰 보람을 느낀다. "궁즉통(窮卽通)"이라는 말처럼 말이다. 그러나 회견 시간이 더 늘어날 수도 있고 같이 하라는데 혼자 하겠다고 고집할 필요는 없어 수배 끝에 우수한 30기 제자 하나를 불러 계약을 하게 했다.

일단 제자와 함께한다고 하고 보니 게으름이 나기 시작했다. "내가 못하면 제자가 해주겠지? 이 나이에 윗니 임플란트도 끝나지 않아 발음도 새는데 잘됐다. 제자가 많이 하게 해야지?"하면서 여유를 부리기 시작했다.

서로 준비한 용어집을 공유하면서 보니 제자의 우수한 재질을 재확인할 수 있었고, 역시 프리랜서 통역사는 타고나야 한다는 것을 다시 실감할 수 있었다. 나이 들어 동시통역에 절실한 순발력이 떨어지고, 강의나 하면서 1년에 한두 번 실전에 나가는 사람과 거의 매일 다른 주제를 통역하는 제자의 능력은 비할 바가 못되었다.

프레스 센터의 10층 외신 지원 센터에서 3시 조금 넘어 시작된 회견에서 사전에 임바고(embargo) 보도 자료로 배부된 모두 말씀을 내가 통역하고, 질의응답을 서너 개 제자가 통역하다 보니 30분도 안 돼 행사는 끝이 났다. 회견장이 창문도 없이 폐쇄된 구조라 더워서 총재가 부채를 부친 것도 회견 단축의 원인이었다. 인천 송도에서 김용 세계은행 총재와 함께 박근혜 대통령을 모시고 개소한 GCF 본부 행사가 최대 이슈였으니 다른 큰 문제가 없었던 까닭이다. IMF는 30분 통역을 위해 200만원 가까운 예산을 쓴 것이다.

통역을 준비하면서 "이 나이에 괜히 통역하겠다고 욕심을 부렸구나"하고 후회도 했지만 결과는 "또 많이 배웠다"는 것이었다. 이제 내년 수업에서는 IMF나 글로벌 거시 경제에 대해 더 현실감 있는 강의를 할 수 있게 됐다. 그래서 통대 교수들도 1년에 몇 번은 현장 통역을 해야 현장감을 잃지 않는다고 말하는 것이다. 음대 교수들이 연주회를 하고, 미대 교수들이 전시회를 하듯...

취임할 때부터 관심을 쏟았던 라가르드 총재를 직접 본 것도 인연처럼 느껴졌다. 파리 출생이 어떻게 저런 훌륭한 영어를 구사하고, 두 번이나 이혼을 한 여성이 세계 제1의 금융기관 수장이 되었는지를 직접 확인할 수 있었다. 그녀는 과연 '여걸'이었다.

경호실의 그때 그 사람들(2013. 11. 22, 매일경제)

최근 종편 채널 MBN이 대통령 경호 관련 특집을 만든다고 필자에게 인터뷰를 요청했는데 알고 보니 12월 1일이 우리 경호실 창설 50주년이었다. 필자는 대통령 경호실과 비서실에서 모두 근무한 특이 경력이 있어 인터뷰에 응했다. 필자는 초급 통역장교였던 1977년 1월 국방부에서 경호실로 파견돼 1978년 6월 전역할 때까지 정보처에서 번역 일을 했고, 6공 시절에는 비서실에서 공보 비서관으로 영·불어 통역 일도 했기 때문이다.

1977년이면 육영수 여사가 광복절 기념식장에서 변을 당한 후 2년이 넘었던 시기인데 경호실에는 아직 "우리는 죄인"이라는 분위기가 팽배해 있었고, 새로 온 차지철 경호실장이 그런 분위기를 주도하고 있었다. 군인 신분인 필자가 느끼기에도 경호실 내 분위기는 무시무시했다. 필자가 동기 통역 장교와 하루 종일 번역해 올리는 영어와 일어 외신은 오로지 실장 한 사람만 보는 '참고자료'였다.

당시 아침마다 출근하면 각 처 별로 조회를 하는데 애국가에 이어 "충정가"라는 경호원의 노래를 합창했다. 당시 알만한 작곡/작사자가 만든 군가 풍의 노래로 각각 5·16, 새마을 운동, 유신을 주제로 한 3절을 모두 불렀다. "이 한목숨 끊는 피, 충정으로 바칩니다"라는 후렴은 "남자는 자기를 알아주는 사람에게 목숨을 바친다"는 마음을 대변했다.

분위기가 얼마나 경직됐던지 청와대 경내를 청소하던 직원이 새벽 산책을 나온 대통령을 보고 인사는커녕 반대편 벽을 보고 얼어붙은 듯 돌아 서 있는 일이 벌어져 경호 실장이 전 직원에게 '대통령 조우 시 행동 요령'이라는 '지휘서신'을 내려보냈다. 우리 정보처 직원들이 한 달에 한 번 있었던 사격 훈련을 받고 사무실로 돌아오다가 대오를 맞추지 않은 것이 마침 차로 이동하던 경호 실장의 눈에 띄어 그의 집무실 옆 회의실로 불려가 욕이 섞인 훈시를 듣기도 했다. 그때 필자는 처음이자 마지막으로 가까이서 차지철 실장의 무서운 시선과 음성을 체험했다.

매주 토요일 오전에는 경복궁 북쪽의 연병장에서 경호 실장이 주재하는 '국기 하강식'이 열렸는데 청와대를 지키는 작전 부대의 장병과 탱크를 포함한 무기들이 참가했고, 경호원들은 우측 계단에 도열했다. 시간이 되면 차 실장이 자신의 위세를 보여주기 위해 초대한 정·재계 인사와 함께 지휘봉을 들고 입장하는데 대규모 군악대의 우렁찬 연주는 사람의 마음을 섬찟하게 했다. 그 행사를 단상 아래에서 칼을 들고 지휘하던 경호실 작전차장보가 바로 전두환에 이어 노태우 장군으로 이어졌다. 경호실 직원들은 번호를 붙여 지급된 곤색 넥타이를 '오늘은 몇 번' 식으로 통일되게 매고 나와야 했다. 그 와중에 '큰 영애'로 불렸던 박근혜 현 대통령의 권유로 경호실 처 별 배드민턴 대회가 열려 그나마 긴장이 잠시 풀어지곤 했다.

전역 후 1년여밖에 지나지 않은 10월 26일, 하숙집에서 박정희 대통령의 서거 소식을 접한 나는 남보다 큰 충격을 받고 믿을 수가 없었다. '서슬 퍼렇던 차지철 실장도 같이 죽어? 타고난 경호원 박상범 경호처장도 총에 맞았다고?? 1년 반 경호실에서의 근무 추억이 살아나면서 내가 전역 후에도 경호실에 남아 있었다면?' 그런 모든 상념에 잠을 이룰 수가 없었다.

그로부터 약 10년 후 제6공화국 대통령 비서실에서 근무하게 되면서 돌아온 청와대는 훨씬 더 부드러운 분위기였다. 필자는 다시 경호원들과 국내외에서 각종 행사를 함께하게 되었다. 통역이란 수행 경호원보다 더 가까이에서 대통령을 보필해야 하는 직종이다. 경호원들은 통역을 맡은 필자를 더 빨리, 더 가까이 대통령 쪽으로 붙이기 위해 애썼다. 그들과 함께하며 필자는 "경호원들은 대통령을 경호하며 차라리 자신이 대통령 대신 공격받는 것을 최고의 영광으로 생각할 사람들"이 아닐까 생각했다.

경호란 생산적인 일이 아니다. 피경호자가 무사하면 임무가 끝나는 일이기 때문인데 그만큼 더 끝이 없는 일이기도 하다.

"총소리가 나면 경호는 끝난 것"이라는 말도 있듯이 온갖 상상력을 발휘해 총소리가 나지 않게 모든 가능한 예방 조치를 다 해야 하는 어려운 직종이다. 경호실 창설 50주년을 맞아 최초의 여성 대통령을 모시게 된 경호원들, 특히 더 강화되었을 여성 경호원들의 건승을 기원한다.

사마란치를 추억함(2010. 4. 25)

지난 4월 21일 별세한 사마란치 전 IOC 위원장과의 인연과 추억이 있는 한국인은 많겠지만 필자는 그를 가장 많이 통역한 한국인일 것이다. 1984년 5월 서울 올림픽 조직위에 스카웃된 후 1988년 10월 2일 대회 폐막 때까지 그의 통역을 맡았고, 폐막 후에도 서울을 찾은 그의 통역을 몇 번 했으니 햇수로는 약 5년인데 시간으로 치면 얼마나 될까?

그는 한국 관계자들을 만나면 언제나 영어로 발언했는데 스페인어, 불어에 이어 그의 세 번째쯤 되는 언어인 영어는 완벽한 것은 아니었다. 그러나 2-3년쯤 그의 영어를 통역하다 보니 그가 입만 열면 무슨 말을 할지 알 수 있는 정도가 되었고, 1986년쯤에는 그의 발언이 끝나기도 전에 눈치를 채고 통역을 시작했더니 특유의 미소를 띄며 "You are used to my English"라고 했다.

그의 영어는 원어민처럼 유창하지는 못했지만 군더더기 없이 짧게 핵심을 찌르는 문장을 썼다. 예를 들어 고 박종규(피스톨 박) 전 IOC 위원 후임 한국인 위원 선임을 둘러싼 경쟁과 갈등이 최고조에 달했을 때 자신이 마음에 두고 있는 김운용 씨를 전두환 당시 대통령이 반대한다는 것을 알고는 그 뜻을 전하는 노태우 조직 위원장에게 단호한 어조로 "If it is not Mr. Kim, there is no IOC member in Korea"라는 말을 반복해 기어이 김운용 씨를 IOC 위원으로 만들었다.

대회 전 스위스 로잔 IOC 본부에서 IOC 주재 남북 체육회담이 4차례나 열렸는데 필자는 4차례를 모두 동시통역했다. 남북 간에 이견이 깊어지거나 감정의 골이 깊어질 조짐이 보이면 가차없이 휴회를 선언하던 그의 카리스마가 기억난다.

93년 권좌를 물러난 노태우 전 대통령을 서울의 신라호텔, 자신의 프레지덴셜 스위트 룸에서 접견한 그는 "나도 이제 나이가 많이 들었다"며 피로한 기색을 보였고, 그것이 내가 그를 통역한 마지막이었는데 그로부터 17년이나 더 산 것이다. "젊은이들의 스포츠를 통한 인류 화합과 세계 평화"라는 명분 하에 5대양 6대주를 누비며 각종 대회의 화려한 개/폐회식을 만끽했던 그의 사주팔자는 분명 불세출이었다.

그는 20년 동안이나 위원장을 역임하고, 그 후에도 후임 위원장 뒤에서 섭정을 하면서 적지 않은 영향력을 과시했지만 그도 죽음을 피하지는 못했다. 아버지의 막대한 재산과 인맥을 이어받은 그의 아들이 스페인 IOC 위원을 하고 있으니 그것으로 위안을 삼으며 눈을 감았으리라. 2000년 시드니 올림픽 개막 전날 별세한 우아한 아내 마리아 테레사와 10년 만에 만나 이승의 추억을 나누었으리라 상상해 본다.

광저우 대회 현장의 '남북한 통역 분단'

(2010. 11. 23, 조선일보)

이번 광저우 아시아대회는 선수들의 기자회견 통역에도 많은 신경을 썼다. 한국어·일어·아랍어·러시아어 등 4개 국어 '전문' 통역사를 언어당 10명씩 초빙했다. 연구년 중 부름에 응한 필자는 특히 북한 통역사와 함께 통역하면서 느낀 점이 많았다.

필자는 서울올림픽을 앞두고 대회를 보이콧하려는 북한을 달래려 로잔 IOC 본부에서 열린 4차례 남북체육회담에서 '통역의 남북 분단'을 이미 체험한 바 있다. 즉 회의장 중앙에 당시 사마란치 위원장 등 IOC 인사들이 앉고, 좌우로 남북한 대표단이 앉아 협의하는데 좌우 끝 2개의 통역 부스에서 남북한 통역사가 각각 통역했다. IOC 인사들은 남한 대표가 발언할 때 남한 통역사의 영어 통역을 듣고 북한의 발언은 북한 통역사의 통역을 들었다. 그러다가 IOC 측의 중재 발언은 남북대표단이 각각 자기편 통역을 들었다.

이번 광저우 대회에 북한은 남자농구와 여자축구팀 회견 등에 별도 통역사를 대동했고 자연스레 남북한 통역도 분단되었다. 문제는 북한이 자기네는 '조선', 한국은 '남조선'으로 고집하는 데서 비롯됐다. 전문통역사 같지는 않았지만 농구팀은 중국어 통역을, 축구팀은 영어 통역을 데려왔다. 회견 전 조직위 측은 필자에게 북한을 영어로 부를 때 'North Korea'가 아니라 'DPRK'로 불러줄 것을 신신당부했다. 필자는 그렇게 했다. 그러나 우리 농구팀에 대한 기자들의 질문을 우리말로 통역할 때 '북한'이라고 한 것도 북한의 불만을 샀다. 북한의 통역사가 눈을 부라리며 중국어로 "북한이 아니잖아요?"라고 항의했다는 것이다. '분단 통역'을 흥미롭게 지켜보던 일본 기자가 중국어를 모르는 필자에게 귀띔해줘 알았다. 생뚱맞게 '조선'이라고 하면 우리 팀 감독이 어리둥절할 텐데 어쩌란 말인가?

국제무대에서 자기네를 '북한'이라 부르지 말라면서 우리를 꼭 '남조선'이라고 하는 그들의 또 다른 '생떼'가 문제인 것이다. 그 밖에 북한 사람들의 발언과 통역을 금방 이해하기 어려운 이유가 서로 다른 용어 때문만이 아니라 특유의 '억양' 때문이라는 것도 알게 됐다. 연설이든 통역이든 한결같은 '비장한' 억양은 아무래도 귀에 익지 않았다. 통역대학원에 '북한억양 이해하기' 강좌라도 열어야 할까 보다.

북한을 공식 통역하다(2010. 11. 24)

오늘은 남북한 남자 농구 8강전을 둘 다 통역하라는 지시를 받고 나가면서 북한-일본 전에는 북한이 중국어 통역 여성을 대동할 것이라 예언하면서 일단 회견장에서 대기하겠다고 약속했다. 두시 반쯤 농구장에 도착해 우리 팀이 필리핀을 쉽게 이기는 것을 보고 유재학 감독과 김성철 주장을 통역했다.

다음 경기에서 일본이 북한을 더 쉽게 이기는 것을 보고 회견장에 갔는데 지난번 남북한 전후 기자회견에 나왔던 오훈룡 선수단장과 오진혁 선수와 함께 '북한'이라고 통역했다고 나 몰래 눈알을 부라리던 여성 통역사가 따라와서 조직위 측에 "봐라, 통역사가 오지 않았느냐, 나는 기자석으로 물러가겠다"라고 했더니 "북한 측에 개별 통역을 쓰지 말고 조직위와 계약한 공식 통역을 쓰기로 합의했다"라고 하면서 나보고 통역을 하라고 했다.

두 북한 사람 옆에 앉아 통역했는데 오 단장이 워낙 능글능글한 달변이라 어렵지 않았다. 나도 조선 선수단, DPR Korea를 명심하면서 통역했더니 소통에 아무런 문제가 없어 북측도 상당히 안도하는 눈치였다. 나도 모르게 북한말의 억양에 익숙해진 걸까? 회견이 끝나고 나가는 오단장 보고 공식 기록에 없는 그의 이름을 물으니 가르쳐 주면서 나보고 어디서 왔느냐고 물었다. 서울에서 왔다니까 회견 통역을 맡아 (전문으로) 하느냐고 해 그렇다고 했다. 그제서야 함께 나가던 그 여성 통역도 나보고 웃으며 인사를 했다. 기분이 나쁘지 않았다.

6시 전에 임무가 끝나 차기 2014년 17회 아시안 게임 조직위에서 근무하면서 광저우 대회 참관 차 출장 와있는 한영과 30기 졸업생 L양을 한식당에서 만나 저녁을 먹으며 얘기 꽃을 피우다 호텔로 돌아왔다. 내일은 축구 3, 4위전 및 결승전이 있는 날, 박주영이 씁쓸하게나마 웃는 얼굴을 보고 싶다.

2010년 여자 축구 기자회견(2010. 11. 23)

오늘 오전에는 조선일보에 기고문을 써 이메일로 부쳐놓고 우리 통역사들을 고용한 독일 함부르그에 본사를 둔 GLOSSA Group의 통역사 배치 담당자 둘을 한국 식당에 데려가 식사를 대접했다. 50명이 넘는 5개 언어 통역사를 매일 수십 개 경기장에 파견하느라 밤잠도 못 자는 외국인 노동자를 위로하는 자리였다. 그들은 불고기, 비빔밥, 떡볶이를 맛있게 먹었다. 그 후 제자는 다시 어제 고생했던 육상장으로 가고 나는 그 담당자들과 함께 여자 축구장으로 갔다. 축구장에 도착하자 휴대 전화가 걸려왔는데 아니나 다를까 조선일보의 독자 투고 담당자였다. 아무 말 않고 기고문을 부칠 수 있는 신문도 조선일보였고, 열심히 써서 보내면 빠짐없이 실어 주는 신문도 조선일보였다. 조선일보의 독주와 독보적인 위치를 욕하는 사람도 많지만 그만큼 독자들을 의식하고 최선을 다하기에 최고의 신문이 되었다고 나는 확신한다. 약간 줄인 편집본을 이메일로 확인해 달라고 해 "경기장에서 확인이 불가능하니 그냥 게재해달라"고 했더니 좋아했다.

며칠 전 북한에 꼼짝 못하던 우리 팀이 관중의 일방적인 응원을 받는 중국팀 앞에서는 다시 기를 펴며 2:0으로 이겨 동메달을 땄다. 오늘에야 그 조그만 지소연이 한 골을 넣고 포효하는 모습을 보았다. 최인철 감독과의 회견을 가볍게 통역하고 여자 소프트볼장에 가서 중국-대만(Chinese Taipei)전을 조금보다가 다시 축구장으로 가 일-북한 결승전을 보았다. 실력이 엇비슷한 가운데 운 좋게 일본이 금메달을 땄지만 경기장 안의 모습은 두 나라의 특징을 그대로 보여주었다. 북한 선수들과 응원단이 군대식인데 반해 일본 선수단과 응원단은 너무나 얌전했다. 가재는 게편이라 중국 관중들은 북한을 응원했고, 풀이 죽어있던 일본 측은 한 골을 넣고서야 소리를 지르며 살아있음을 보여주었다.

시상식 때도 조용히 기뻐하는 일본과 동메달에 만족하는 한국에 비해 북한팀은 초상집이었다. 고개를 떨어트리고 땅만 보고 걸으며 금방이라도 아오지 탄광으로 끌려갈 것 같은 표정들이었다. 북한 선수들은 일본 국가가 끝날 때까지 일장기를 향해 돌아서지 않고 고개를 숙인 채 그대로 서 있었으며 메달과 함께 받은 꽃다발을 한 번도 들지 않았다.

북한 팀의 기자회견 때 짓궂은 AFP 기자가 "경애하는 지도자 김정일 동지는 여자 축구의 팬인가? 이번 결승전 중계를 보았을까?"하고 물었을 때 며칠 전에도 나왔던 북한 여성이 엉터리 영어로 통역하며 질문을 알아듣지 못해 한 번 더 천천히 물어달라고 부탁했고, 그나마 질문의 전반만 통역했다. 김광민 감독은 "친애하는 지도자 동지는 여자 축구를 따뜻이 돌봐주시는데 그 돌봄에 부응하지 못해 죄송하다"라고 하며 "어린 선수들로 세대 교체돼 체력과 경험 부족으로 졌으나 앞으로 이를 교훈삼아 더 잘 할 수 있을 것"이라 답했다.

저녁도 굶고, 남북 분단의 현실을 북한 편인 중국 땅에서 느끼며 호텔로 돌아왔는데 내일은 남자 축구 준결승이 있는 날이다.

나토 사무총장 통역(2017. 11. 5)

2017년 8월 17일, 브뤼셀 나토 본부 통번역부에서 나토 사무총장이 10월 31일에서 11월 1일까지 한국에 가는데 통역을 해줄 수 있냐는 이메일을 보내왔다. 한 달에 한 번쯤 국제회의통역사협회 AIIC 회원명단을 보고 해외에서 섭외가 오는데 학교에 메인 몸이라 사양하거나 후배들한테 넘기는데 한국의 요율을 제시하면 놀라서 상대방이 포기하는 경우가 많아 이번에도 큰 기대는 않고 "할 수 있다"고 했다.

한참 잊고 있었는데 9월 15일, 방한일자가 11월 1일부터 2일까지로 확정됐다면서 계약을 맺자고 했다. 드문 경우라 "내가 남자라서 뽑혔나?" 의아해하면서 준비를 시작했다. 10명이 넘는 한국인 AIIC 회원 중 내가 청일점이기 때문이다. 그때 기억난 것은 1980년부터 3년간 유학한 파리 3대학 통번역대학원 캠퍼스가 파리 서북쪽에 있는 뽀르트 도핀Porte Dauphine에 있던 전 나토본부 건물이었다는 사실이었다. 처음 학교에 갔을 때 프랑스 통역학장이 "이 학교의 동시통역 시설이 1960년대 말 나토 사람들이 쓰던 것"이라고 했던 기억이 새로웠다. 그 건물 3층의 7호실Salle 7에서 강의를 듣고, 졸업시험을 치고 졸업했는데, 2005년에는 그 교실에서 열린 세계통번역학교협회CIUTI

총회에 참석했었다. 2006년 차기 총회 주최자로서 연설하면서 "바로 이 교실이 내가 통역입문 강의 등을 들었고, 저 오른쪽 첫 부스에서 동시시험 통역을 했다"고 하니 외국 대표들이 감탄했었다. 그 교실하고만 인연이 있는 줄 알았는데 나토와도 인연이 있었구나! 내가 통역할 노르웨이 총리 출신 나토 사무총장 스톨텐버그라는 사람은 나와 전생에 어떤 인연이 있었을까?

그가 서울에 오는 이유는 다음과 같은 메시지를 전달하기 위해서였다: "Global challenge necessitates global response. 최근 북한이 시험 중인 장거리 미사일은 유럽을 사정권 안에 두고, 심지어 동유럽은 미 본토의 서해안보다 더 가깝다. 유럽은 강력한 억지력으로 북한의 위협을 막아낼 것이며 나토 조약 5조에 의해 9/11 사태 이후처럼 동맹국인 미국이 공격을 받아도 자동 개입할 것이다. 이를 위해서는 강력한 힘을 유지해야 한다. 나토는 대한민국 편이다"

계약 절차를 끝낸 10월 18일, 담당자는 Ms. Lee라는 통역사가 나와 통역을 분담할 것이라고 통보했는데 통대 1기 동기에 나이도 동갑인 L씨였다. 한국통번역사협회KATI 에서도 나 직전에 2기 회장을 지낸 고참이었다. 나토는 또 총장이 국립묘지 헌화를 하는데 우리 중 하나가 현장을 가보라고 해서 흑기사 정신으로 자원해 10월 24일 차를 몰고 현충원을 방문해 헌화

절차를 익히고 왔다. 재미있었다.

내가 헌화행사와 청와대 예방행사를 맡고 국회 예방 오찬과 DMZ 방문행사는 L씨가 맡게 되었고, 아산연구재단 행사 후 기자회견은 동시를 함께 하게 되었다. 청와대와의 인연도 이어지는가, 내가 청와대를 떠난 것이 1993년 5월이니 24년 만에 다시 청와대 통역을 하는 셈이었다. 가슴이 뛰기 시작했다.

11월 1일 오전 김포공항에서 나토 대표단을 만나 모터케이드로 이동, 남산 하야트 호텔에 함께 체크인 후 국회와 외무부를 거쳐 L씨와 무교동에서 소주 한잔에 저녁을 먹고 호텔에 돌아와 잤다. 다음 날 새벽 L씨는 DMZ로 떠나고 나는 9시쯤 숙박비에 포함된 늦은 조찬을 먹고 체크아웃 후 청와대 들어갈 준비를 했다. DMZ를 갔다 온 총장을 미 8군 드래곤 힐 식당에서 만나 다시 모터케이드로 두 시 정각 청와대 본관에 도착했다.

청와대 본관도 나와 인연이 깊은 건물이다. 1991년 가을 개관한 본관은 사실 현대건설 부사장으로 있던 나의 삼촌이 설계/건축을 총괄한 바 있다. 개관식에서 삼촌과 찍은 사진이 아직 남아있다. 그로부터 2003년 2월까지 대통령 통역을 그 건물에서 하다가 5월에 청와대를 떠났으니 24년 만이었다.

레드카펫을 따라 2층 대통령 집무실 옆 접견실로 들어가니 기억이 새로웠지만 얼굴을 아는 사람은 별로 없었다. "건물은 의구하되 인걸은 간데없었던" 것이다. 바로 그 공간이 며칠 후 방한할 트럼프 미 대통령이 문 대통령과 정상회담을 할 장소였다. 한가지 바뀐 게 있다면 양 정상 뒤 두 통역사의 의자가 동그란 좌석의 노란 간이 의자로 준비돼 있었다. 처음 본 문 대통령의 모습은 TV에서 보던 수수한 얼굴 그대로였다. 나보다 두 달 먼저 태어난 그는 발음은 또렷하지 않아도 메시지는 능란하고 분명하게 전달하고 있었다. 사안을 잘 파악하고 있었다. 문 대통령 통역은 언론보도에서 낯이 익은 외무부의 김종민 서기관-40대 초반이라니 나보다 20살 이상 젊었고 조카 나이였다. 나도 38살에서 40살까지 청와대에서 통역했는데...

좌우로 양측 대표단이 앉았는데 좌측에는 국가안보실의 실장과 1, 2차장, 주 벨기에 대사 등이 앉았다. 영어를 알아듣는 그런 사람들에게 들리도록 큰 소리로 통역하는 것은 쉬운 일이 아니다. 내 목소리는 24년 만에 떨리고 있었다. 사투리 억양이 들어간 내 통역을 우측 1미터 앞에서 듣던 문 대통령은 두세 차례 나를 돌아보았다. 부드러운 눈길로 "이 사람은 누군가?"하는 것으로 느껴졌다.

오랜만에 하는 노트테이킹도 여의치 않았지만 준비했던 대로 떨리는 목소리를 누르며 통역했고 접견은 40분 정도 후에 끝이 났다. 안보실 1차장의 "수고했다"라는 말을 들으며 얼른 1층으로 내려와 경희궁 옆 아산정책연구원으로 가는 모터케이드의 버스에 올라탔다. 연구원에서 양측 대담 이후 열린 사무총장 기자회견은 30분가량 진행되었는데 L씨와 좋은 팀웍으로 무사히 동시통역을 마쳤다. 계약한 대로 거기서 통역사들은 릴리스(release) 되었다. 연구원을 나와 택시를 타고 L씨를 서울역에 내려주고 내 차가 주차해 있는 하야트 호텔로 가면서 이런 경험을 또 할 수 있을까, 내가 64살의 나이에 24년만에 한 청와대 통역의 의미는 과연 무엇일까를 다시 생각했다.

내 운명의 통역, TV 위성중계 통역(2017. 11. 22)

내가 파리 유학을 마치고 귀국한 1983년에는 우리나라에 큰 사건이 많이 터졌다. 9월 1일에는 뉴욕에서 출발하여 앵커리지를 경유, 서울로 향하던 대한항공 007편 보잉 747 점보여객기가 사할린 부근 상공에서 소련 전투기의 미사일 공격을 받고 추락했다. 10월 9일에는 당시 전두환 대통령의 서남아·대양주 6개국 공식 순방 첫 방문국인 버마(현 미얀마)의 아웅산 묘소에서 일어난 강력한 폭발 사건으로 대통령의 공식·비공식 수행원 17명이 사망하고 14명이 중경상을 입었다.

전 세상이 공분하는 이런 사건들이 터지자 여의도의 KBS와 MBC 방송은 처음으로 각국을 위성으로 연결해 중계하기 시작했고 통역대학원에 이를 통역할 자원을 요청했는데, 마침 귀국한 내가 여의도로 불려 나갔다. 1980년 개국한 사고 전문의 미국의 CNN 방송이 단골 통역대상이 되었다. 하루에 두 방송 모두에 출연해 통역하기도 했다. 시청자들은 처음 보는 위성중계 동시통역을 보며 신기해했다. 전 국민이라는 불특정다수를 대상으로 하는 세상에서 가장 어렵고 더럽고 위험한 3D 통역을 하면서 약 10년 후 내가 한국의 CNN인 YTN에서 국제부장 겸 위성중계 팀장으로 5년이나(1994-1999년) 위성중계를 전문으로 통역할 줄은 몰랐다. 1997년 9월 6일 런던 웨스트민스터 사원에서 거행된 다이애나비의 장례식은 국제부장인 내가 꼬박 3시간 동안 혼자 통역 및 해설을 했다. 시차 때문에 오후 6시에 시작된 중계는 정시 뉴스 방송 때문에 장례식 종료 직전인 9시까지만 방송하고 나머지 8분을 포기했는데 강남의 주부들이 항의 전화가 빗발쳤다고 한다. 아직 케이블이 많이 깔리지 않아 시청률은 높지 않았지만 일찍이 TV 스타가 될 뻔했단다.

세월이 또 흘러 2016년 9월 트럼프와 클린턴 미국 대통령 후보 간의 토론을 앞두고 YTN의 후배 국제부장이 전화로 우수한 제자를 추천해 달라는 간곡한 부탁을 했다. 문제는 선뜻 TV 통역에 나서려는 후배나 제자가 없다는 것인데 그만큼 어렵고 위험한 임무이기 때문이었다. 잠시 망설이다가 나는 그 해 2015년 2월 동시통역반을 우수한 성적으로 졸업 후 프리랜서로 뛰고 있는 J군에게 나가라고 강권했고, 그도 "선생님이 원하신다면"하면서 나섰다. 그는 아는 것이 많은 미국 대학 출신이었고, 무엇보다 졸업 후 실력을 발휘할 기회가 적어 "통역에 굶주려"있었다.

나의 용인술은 빛을 발했다. 통역을 받아 적으면 그대로 기사가 되는 그의 통역은 YTN뿐 아니라 다른 방송 관계자들의 귀에도 띄면서 한 달 만에 한국 최고의 TV 통역사로 발돋움했다.

1, 2, 3차 토론을 거쳐 대통령 취임식까지 통역하고 김정남 암살 등 사건이 터질 때마다 YTN에 불려가는 스타가 되었다. 다음은 2016년 9월 처음 TV통역에 나서는 그에게 내가 약식으로 긴급 발송한 카톡 메시지다.

1. 불특정다수를 대상으로 하기에 떨리고 불안함을 극복해야 함.
2. 제일 어려운 통역 중 하나이므로 완벽을 추구하면 실패함. 시청자가 분위기를 파악할 만큼의 내용 전달을 목표로 할 것.
3. 포즈가 3초 이상 계속되면 방송사고로 오해될 수 있으므로 연속적으로 통역해야 함.
4. 토론과 문답은 즉흥성과 현장성이 강하므로 용감하게 순발력을 발휘해야 함.
5. 오역은 빨리 잊고 다음 발언에 집중해 전체적으로 완성도를 높여야 함.
6. 전날 숙면하고 방송 시 집중, 집중, 집중!

뉴스 동시통역 왜 어려운가(2001. 9. 23, 동아일보)

미국에서 전대미문의 테러사건이 발생하자 1991년 걸프전에 이어 미국의 CNN이 다시 각광을 받고 있다. 그러나 국내 TV 방송사들은 CNN의 생중계를 동시통역하는 데 애를 먹었다. 방송사들은 우선 이번 테러가 한밤중에 터지는 바람에 통역사를 확보하는 데 많은 어려움을 겪었다. 이 때문에 일부 방송사는 특파원 출신의 기자나 자체 고용한 통역사를 투입해 급한 불을 끄면서 유능한 통역사 확보에 나서기도 했다.

TV를 지켜본 시청자 중에는 통역이 엉망이다, 영어 잘하는 사람이 그렇게도 없느냐고 하면서 분통을 터뜨린 분이 많았던 모양이다. 그러나 영어를 잘하는 것과 통역을 잘하는 것은 별개이다.

걸프전 때도 통역사를 못 구해 유명 영어학원 원장까지 동원했지만 실패했다. 한국에 통역대학원이 생긴지 20년이 넘고 1,000명이 넘는 영어통역 전공자가 배출됐는데 왜 이런 현상이 생길까. 그것은 CNN 뉴스 통역이 가장 어려운 통역에 속하기 때문이다. CNN 통역이 어려운 이유는 다음과 같다.

첫째, CNN의 긴급뉴스는 불시에 터진 일이기 때문에 통역을 준비할 시간적 여유가 없다. 국제회의 통역만 해도 최소한 며칠 전 통역을 의뢰 받고 연설문을 입수해 내용을 파악할 수 있지만 긴급뉴스는 예측이 안 된다.

둘째, 뉴스 통역은 기자나 앵커의 말을 통역해야 하기 때문에 뉴스에서 사용하는 언론 용어를 잘 알아야 제대로 할 수 있다. 하지만 통역사가 갑자기 기자가 될 수 없기 때문에 마이크 앞에서 입이 떨어지지 않는 것이다. 그래서 뉴스 통역사는 장기적인 안목에서 양성해야 하는 것이다.

테러사건이 발생한 첫날 밤 일부 방송사는 영어에 능통한 기자들이 직접 통역을 맡아 눈부신 활약을 보여주었다. 그들이 통역사보다 낫다는 평가를 받은 이유는 언론 용어를 노련하게 사용할 수 있었기 때문이다. 그러나 12일 오전 9시 반 조지 W 부시 미국 대통령의 성명이 생중계될 때에는 신참 통역사들이 밤새 일하면서 감을 잡아 방송사 간 우열을 가리기 어려웠다.

CNN의 한국 내 송출을 위임받은 CSTV Korea의 통역은 국내 방송사들이 내보낸 통역과는 많은 차이가 났다. 금년 초 유료로 전환한 케이블 방송의 CNN 채널은 7월부터 하루에 몇 차례씩 정시 뉴스 동시통역을 시험방송 형식으로 내보내고 있다. 여기서 통역하는 4명의 통역사도 금년 초 통역대학원을 졸업한 신참들이다. 그들은 금년 초부터 CNN 뉴스를 연구했고 7월부터는 실전 경험도 쌓았기 때문에 사건 발생 당일에도 훨씬 안정된 통역을 할 수 있었다.

테러사건 와중에 통역사 구인 소동을 지켜보면서 한 가지 제안을 하고 싶다. CSTV의 통역팀을 보강해 필요할 때 밤을 새워서라도 통역을 할 수 있게 하고 나머지 방송사는 원할 때 CSTV의 통역을 받아 활용하자는 것이다. 그렇게 되면 긴급사태가 벌어질 때마다 통역사를 급히 구하는 수고도 덜 수 있고 똑같은 CNN 뉴스를 통역하려고 방송사마다 비싼 돈을 들여 통역사를 임시 고용하는 낭비도 줄일 수 있을 것이다.

'촌철살인' 의 승전사령 월드뉴스부 곽중철 부장

(1996. 11. 1, YTN 사보)

YTN 사람들은 대부분 그렇다. 보통 사람들이 하는 것보다 좀 더 많은 일을 하고, 세월이 도대체 어떻게 가는지 모르는 사이 계절이 바뀌고.

세상에는 날마다 크고 작은 일들이 일어나고 있고, 그것을 찾아다니고 뒤지고 하여 쉼 없이 사람들에게 알려주는 일. 그 일을 제대로 하자 들면 그럴 수밖에 없다. 그런데 우리가 사는 동네 바깥 어딘가에서도 또한 많은 일들이 일어나고 있으니, 결국 세상은 넓고 알 일은 많다는 얘기가 성립된다.

자꾸만 세계는 좁아져 바로 눈앞에 보이지 않는 일일지라도 그것이 결코 남의 일만은 아니게 된 요즘, 미처 손이 닿지 않은 소식이라면 남이 만든 뉴스라도 옮겨서 알려줘야 한다.

그래서 모든 뉴스가 통하는 YTN에서 유독 세계 뉴스에 눈과 귀를 활짝 열어두고 있는 사람이 있다. YTN 월드뉴스부의 곽중철 팀장.

그는 남의 말을 내 말처럼 하는 탁월한 능력을 지닌 '덕'에 가끔 전 세계의 이목이 집중되는 일이 동시통역으로 생중계될 때면 직접 나선다. 그런데 요즘은 간혹 남들의 부러움을 사고도 남을 그 능력이 '덕' 인지 '탓' 인지 스스로 알 수 없어질 때가 있다. 왜냐하면 그 동시통역이라는 게 결코 아무나 할 수 없는 상당한 실력을 요구하는 일인 것이 분명하지만 고도의 집중력을 쏟아부어야만 하는, 정신적으로 체력적으로 매우 고된 일이기 때문이다.

그가 외신을 통해 미국 대통령 후보 TV토론 일정을 접했을 때, 미국 대통령 선거가 갖는 비중도 그렇거니와 미국의 토론 문화도 지켜볼 겸 해서 생중계할 가치가 있다는 생각은 했지만, 결정적으로 하지 않으면 안되게 되었던 것은 바로 시청자들의 요청 때문. 이번엔 중계를 안 하느냐는 시청자들의 주문(?)이 많아 결국 편성이 이루어지게 되었다.

그러한 동시통역 생중계가 일단 떨어지면 고생을 단단히 각오해야 한다. 더욱이 전업 통역사가 아니기 때문에 업무를 보면서 틈틈이 준비를 해야 하므로 그 부담은 더 클 수밖에 없다. 어떤 사람들은 동시통역이라고 하면 단순히 어학실력만 가지고 그냥 하면 되는 것 아니냐고 생각하기도 하는 모양이지만 그건 천만의 말씀이다. 정치, 경제는 물론 국방에서 의료 보험, 가족 휴가에 이르기까지 분야를 뛰어넘어 토론에서 나올 가능성이 있는 주제는 최대한 예측해서 준비해야 하는, 실로 끝이 보이지 않는 방대한 작업이다.

언제 튀어나올지 모르는 각 분야의 전문 용어와 특수 용어를 챙기는 일에다가 토론자들의 성향을 파악한 뒤 이제까지의 논의된 상황과 현재의 입장까지 두루 꿰고 있어야 한다. 거기다가 특유의 농담이나 말장난의 미묘한 뉘앙스까지 '동시에' 잡아내야 하는, 그야말로 '생통역' 을 차질없이 해내기 위해서는 마치 수험생과도 같은 자세로 준비를 해야 한다. 또 당일 최상의 컨디션으로 고도의 집중력을 발휘하기 위해서 술 마시는 것은 말할 것도 없고 심한 운동도 삼가면서 체력 관리를 해야 한다니, 흡사 시합을 앞둔 운동선수와도 같다.

이번 두 차례에 걸쳐 생중계한 미국 대통령 후보 TV토론은 모두 만족할만한 결과를 얻을 수 있었다. 짧은 동안이나마 수험생이 되어, 운동 선수의 자세를 가지고 최선을 다한 결과를 그저 '치르고 넘어간' 것쯤으로 여길 뿐인 그는 16년 경력의 베테랑이다. 긴장과 오랜 시간 집중으로 인해 며칠 동안 남아있는 피로감은 전보다 길어졌지만.

이번 생중계의 경우에는 그 의미가 여느 때와는 사뭇 다르다. "이번 TV토론 생중계가 매끄럽게 잘 끝난 데에는 저와 함께 했던 후배의 공이 큽니다. 동시통역은 처음이어서 사실 걱정도 많이 하고 불안했는데, 생각보다 잘 해주어 끝나고 나서 '괴력을 발휘했다'고 칭찬을 해줄 정도였으니까요.

기본기에다 그동안 CNN등의 월드뉴스를 늘 접하고 살면서 연마된 실력이 제대로 발휘된 거라 봐요. 이번 계기로 후배 양성에 자신감을 얻게 된 게 큰 수확입니다."

긴장과 스트레스가 집중적으로 몰리는 힘든 일이지만 한참 몰입해 있을 때 느끼는 신명과 짧은 시간에 적절한 표현으로 옮겨야 하는 '촌철살인(寸鐵殺人)'의 묘미를 그는 사랑한다.

TV의 외신 보도 경쟁은 곧 통역 전쟁

그는 외국어대에 입학하여 사회초년생 때 잠깐 했던 샐러리맨 생활을 빼면 우리나라의 동시통역 1기로 출발해서 동시통역사를 비롯해서 다양한 이력을 갖는 동안 어떻게든 외국어와 관련을 두고 살아왔다. 그러다가 유선방송위원회에서 유선 방송 허가 업무에 관한 실무 총 책임자로 있을 때, YTN과의 인연이 시작된다.

이미 '말'을 매개로 세계를 바라볼 수 있었던 그로서는 CNN이 세계의 뉴스 흐름을 바꿔놓는 사례를 익히 경험하고, 그만큼 뉴스에 있어서 외신의 중요성을 스스로 인식하고 있던 차에 YTN이라면 한번 해볼 만하지 않은가 싶어 공보관에서 기자로

의욕 넘치는 40대의 대전환을 맞이한다.

"요즘 방송에서 외신 보도량이 늘어나는 추세입니다. 지금까지 기존 방송에서는 국제 뉴스라고 하면 대개가 외국에서 오는 그림에다가 우리 방송의 기자가 기사를 쓰는 방식이었죠. 그런데 이제 24시간 뉴스 전문 채널에서는 사정이 달라요. 외신 보도가 차지하는 비율이 더 높은데, 그 많은 국제 뉴스를 다 소화할 여건이 되지 못하는 경우가 많은 데다가 또 외국의 시각을 그대로 우리 국민들에게 알리는 일도 필요하다고 봅니다. 뉴스에 그들의 편파적 시각이 담겨 있을 수 있지만 '통역'이라는 것을 전제한다면, 외국의 뉴스를 대하는 시청자들에게서 충분히 걸러질 수 있다고 봅니다."

다른 여러 방송들과 함께 CNN 등의 외국방송을 생중계할 때, 보도 경쟁은 곧 '통역 전쟁'이 될 수밖에 없다며, 방송에서 정확한 통역에의 중요성을 새삼 강조한다. 그래서 그는 특별 편성되는 동시통역 생중계뿐 아니라 정규 프로그램인 '위성통역실' 제작에 작은 소홀함이라도 없도록 팀원들을 '쥐어짜'지만 그만큼 보람은 크다.

스트레스의 강조가 센 일을 하다 보니 자연히 술로써 긴장을 해소하곤 하던 그도 YTN에 와서 젊은 기자들과 술자리에 몇 번 어울렸다가 두 손을 들고 말았다. 이젠 술 실력이 예전 같지 않음을 시인하고 함부로(?) 대작(對酌)할 생각을 더 이상 하지 않게 되었다고.

세계 여러 지역권 뉴스를 다양하게 방송할 수 있었으면

요즘 국제화다 세계화다 하여 외국어 공부가 붐이 일면서 어떻게 하면 외국어를 그렇게 잘 할 수 있느냐는 질문을 심심찮게 받곤 하지만 그때마다 별 뾰족한 수를 얘기해 주지는 못한다. 왕도는 없노라고, 유행보다 자기식의 방법을 찾아 꾸준히 하는 도리밖에 없노라고 상식적인 얘기밖에는.

그는 영어 말고도 일본어의 필요성도 느껴 올해 초부터 6개월동안 일어 학원에도 다녀봤다. 이미 영어, 불어에 능통한데다 어학에 타고난 소질도 있는 그는 과연 어느 정도의 진전이 있었을까. 회사 일도 바쁜데다가 단어 외우기에도 벅차 지금은 잠시 보류 상태다. 항간에 떠도는 '일본어는 배우기 쉽다'고 하는 말은 순 근거없는 낭설이더라는 결론을 내린 채.

앞으로 그는 YTN에서 프랑스 방송을 비롯한 유럽 지역의 방송도 다룰 수 있게 되길 바라며, 세계를 향해 눈과 귀를 더 활짝 열어 두고 있다.

흔히 가을을 남자의 계절이라고 하던가. YTN에서의 세 번째 가을을 살고 있는 그의 가슴엔 무엇이 들어 있을까. 예전엔 가을을 탄다는 게 뭔지 알고 살았던 것도 같은데 그런게 실종된 지 어언 삼년 이라나. 그러나 빼앗긴(?) 가을에도 단풍은 물드는가. 오며 가며 눈에 들어오는 '가을'이 새삼스럽기만 하다.

YTN 사람들은 아마 대부분 그럴 것이다. 그 곱던 단풍에 눈길 한 번 길게 주지도 못한 채 낙엽이 되어 다 떨어져 가고 어느새 추위가 성큼 다가와 있는 즈음, 꼭꼭 옷깃을 여미듯 다짐하는 것이다. 헤쳐가야 할 길이 멀지만 넘어야 할 산이 많지만, 지금처럼 묵묵히 24시간 참 뉴스를 만들어 가리라고. 추운 겨울에도 꺾이지 않고 가난한 노래의 씨를 뿌리리라던 어느 시인의 말처럼.

국제교류 40년의 마지막 임무

1980년부터 83년까지 내가 만 3년 유학한 파리3대학의 통번역대학원(ESIT)은 돌이켜 생각하면 참 고마운 학교다. 학교에 다닐 때는 왜 이렇게 날 힘들게 하고 나한테 더 신경을 써주지 않을까 원망했지만 그건 지나친 이기적 기대였다. 우리 정부나 우리 학교에서 그 학교에 기여하는 바가 전혀 없었기 때문이다. 내가 그 학교에 매 학기 낸 돈이라고는 10만원도 안 되는 학생자치 회비뿐이었다. 우리 정부는 한 달 500달러의 장학금만 내게 보내주면서 그 학교에 "국제협력의 정신으로 공부시켜달라"고 뻔뻔하게 요청한 셈이었다. 아무것도 기여하지 않는 개도국에서 온 학생이 수준에 훨씬 못 미치는데도 퇴학시키지 않고 3년이나 무료로 공부시켜 수준에 이르게 해 통역 자격증과 함께 졸업시켜준 것은 프랑스라는 대국이 표방한 박애정신(fraternity)의 실천이었음을 어렴풋이 깨닫는데 몇 년이 걸렸다. 나는 귀국 후 1년 만에 서울 올림픽 조직위의 통역안내과장이 되어 후배들 10명을 보내면서 내가 확보한 넉넉한 체육부의 예산을 그 학교에 보내 보은했다. 재정난에 빠져있던 그 학교 운영자들이 크게 기뻐하는 모습을 보았다.

1988년 서울 올림픽 당시에는 큰 예산을 들여 해외 통역사와 번역사 각 50명을 초빙해 일을 시켰고 행사가 끝나자 마자 그들의 추천으로 나는 한국 최초의 국제회의통역사협회(AIIC) 정회원이 되었다. 그때의 외국인 수석통역사(Bernard Ponette)는 그 후에도 한국에서 열리는 각종 국제회의에서 동료 통역사들과 함께 와서 나를 도와 성공적인 통역을 가능하게 했다.

20년에 가까운 통역현업 이후 모교인 통역대학원에 와서는 통번역 학자들과의 교류가 시작되었다. 2000년부터 5년간 우리 교육부 자금으로 미국의 몬트레이와 호주의 맥쿼리 대학원에 제자들을 보냈고 2005년 국제통번역학교협회(CIUTI)의 회원교가 된 후부터는 본격적으로 해외교수들과의 교류를 시작했다. 2006년 내가 통역대학원 원장이 되어 서울에서 동 협회의 총회를 주최하였다. 50명이 넘는 유럽 중심의 세계통역학교 대표들을 초청한 행사는 아주 힘들었지만 이후 국제협력의 계기가 되었다. 서울 총회에서 나는 협회의 이사라는 감투도 썼다.

어찌 보면 국제협력은 성가신 일이다. 그냥 국내에서 통번역을 하고 통번역을 가르치면 쉽게 살 수 있는데 국제협력을 하려면 예산과 시간과 노력이 필요하기 때문이다. 통번역으로 생활비에 보태고 논문 쓰고 강의를 해야 하는 교수들은 사실 시간이 모자란다. 또 해외 학회에서 논문을 발표하지 않으면 학교에서 출장비도 받기 어렵다. 그래서 가장 선배인 내가 2007년부터 지금까지 매년 연례총회에 참석했다. 프랑스, 벨기에, 이태리, 독일, 중국, 스페인, 러시아의 통번역학교로 출장을 다녔다. 논문발표가 있어 학교에서 지원을 받아도 항공기 승급에 내 돈을 보태가면서 비행기를 탔다.

2015년 5월 모스크바 CIUTI 총회에서 초대 손님으로 온 국제번역사연맹(FIT) 회장(Henry Liu)을 우연히 만나 내가 한국통번역사협회(KATI)의 회장이라고 했더니 연맹 가입을 권유했다. 학교는 FIT의 회원이 될 수 없다고 해 KATI 요원들과 준비를 시작해 그해 말 KATI는 한국 제2의 회원 단체가 되었다. 2016년 말 아태지역번역사포럼(APTIF)을 이끄는 중국번역사협회(TAC)로부터 2019년 제9회 APTIF 행사를 주최해달라는 요청을 받고는 고민에 빠졌다. 출범한 지 얼마 안 된 KATI가 그럴 역량이 없었기 때문이다. 또 2019년이라면 내가 정년을 이미 1년 넘긴 시점이어서 더욱 문제였다.

며칠 생각해보니 2019년은 우리 학교가 개원 40주년이 되는 해였다. 어떤 식으로든 기념행사를 해야 할 것이고 그렇다면 APTIF 만한 행사가 없다는데 생각이 미치자 중국 측에 "KATI와 우리 학교가 공동주최하겠다"라고 조건을 걸었고 승인을 받았다. 그러고 보니 동료 교수들의 동의를 받는 일이 큰 과제였다. 중국 등지에서 번역관련 인사 수백 명이 오는 행사를 치르는 일이 결코 쉽지 않을 것이기 때문이었다. 공동주최라는 동업이 가져올 혼란도 예상되었다.

그렇지만 결심을 굳힌 나는 교수들을 설득했다. "한국 최초이자 최고의 통역대학원인 우리가 개원 40주년을 맞아 그 동안 소홀히 해온 국제협력을 본격화할 수 있는 최적의 행사다. 2018년 8월 은퇴할 내가 사심 없이 힘을 보탤 테니 용단을 내려달라". 교수들은 다수결로 어렵사리 동의를 했고, 나는 교수 두 명과 KATI 요원 1명과 함께 2016년 여름 중국 산시성(山西省, Shanxi) 성도 시안(西安, Xian)에서 열리는 8회 APTIF 출장 준비를 시작했다. 다행히 서울시로부터 국제행사 준비금 일부를 지원받아 4명의 출장비를 마련하고 포럼 유치 지원 팸플릿도 만들어갈 수 있었다.

진시황의 무덤과 병마용이 있는 천 년의 고도 시안은 내가 자주 간 베이징과 상하이와는 다른 아름다운 도시였다. 시내의 고급호텔에서 열린 포럼은 중국의 힘과 부를 보여주는 화려한 행사로 진행되었다. 특히 호텔 그랜드 볼룸 전면에 설치된 대형 스크린은 인상적이었다. 3년 후 2019년 여름 우리학교 강당인 오바마홀에도 저런 스크린을 설치하기로 마음먹었다, 포럼 마지막 날 스크린 밑에서 대회기를 넘겨받고, 폐회식에서 준비해 간 슬라이드로 서울과 우리 학교, 그리고 KATI를 소개했다. 맺

음말에서 "행사 주최 결정은 쉽지 않았지만 결정한 이상 대성공을 위해 최선을 다하겠다"라고 해 박수를 받았다. 그 연설이 강한 인상을 주었던지 2017년 8월 초 호주 브리스번에서 열린 FIT 총회 결산 이사회에서 나는 뜻밖에도 17명 이사 중 신임으로 선출되었다.

2017년 APTIF는 중국이 FIT의 후원으로 주도해온 행사이니 만큼 중국의 참여와 적극적인 지원이 절대적이다. 그래서 2017년에 벌어진 사드 사태로 중국이 한국과의 교류를 급감시키자 나는 고민에 빠져 TAC에 심각한 우려를 표명했고, 그들은 변함없는 협조를 다짐했다. 2017년 12월 초 시진핑 주석의 방침에 맞춰 베이징에서 열린 일대일로 번역 포럼에 나를 초대해 논문을 발표할 기회도 주었다.

이제 한국의 1세대 통역사인 나에게 남은 과제이자 마지막 임무는 2019년 행사를 준비할 예산을 확보하는 일이다. 외국인과 내국인 참석자에게 적지 않은 행사 참가비를 받고 서울시 등에서도 지원금을 받겠지만 개원 40주년인 만큼 그보다 앞서 학교 당국의 예산 지원이 필수적이다. 예외 없이 우리 대학도 재정난에 빠져있지만 최소한의 지원은 아끼지 않을 것을 학수고대하고 있다. 그 행사가 성공적으로 끝나야 마음 편히 학교를 떠날 수 있을 것이다.

인공지능 시대,

인간 통역 40년을 돌아보다

4차 산업혁명, 외국어 공부 안해도 될까

외국어와 통번역 학습의 문제점

내 자식은 영어 안하면 안될까?(2015. 10. 12)

필자는 중고생 상대 특강에서 "외국어 잘하면 푼돈을 벌고 우리말 잘하면 목돈을 번다"고 농담하면서 강의를 끝낼 때가 있다. 영어는 이 땅에서 진학과 출세의 최고 방편이 된 지 오래됐는데 학생들과 학부모들은 어떻게 받아들일까 궁금해하면서...

내가 드는 예는 박지성과 김연아. 그들이 어릴 때부터 영어조기 교육을 받고 영어에 열중했다면 오늘의 그들은 없었을 것이다. 평발이라고 좌절하지 않고 축구가 좋아, 축구를 하면 어떻게든 잘 할 수 있을 것 같아 아빠를 졸라 매일 축구장에서 종일 연습한 지성이가 국제 무대 진출에 성공해놓고 보니 영어는 덤이었다. 맨체스터에 고급 거처를 구하고 맨유의 동료들과 친구가 되고, 동네 세탁소에 옷을 맡기고 찾다 보니 "현지 영어 학습"을 절로 하게 돼 의사소통에 문제가 없게 됐다. 시합 후 인터뷰에서 어렵지만 외워 준비해온 영어로 하니 상대방은 기다렸다는 듯 이해해 준다. 지성이 '갑'이요, 방송이 '을'이기 때문이다. 처음엔 어려웠지만 자꾸 하다 보니 자신감이 붙었다. "영어는 발음이나 문법이 문제가 아니라 자신 있게 의사를 표현하면 된다"는 것을 깨닫는다.

연아도 마찬가지다. 지성보다는 말재주가 많기 때문이기도 하지만 세계 최고의 스케이터가 되고 보니 주위에서 친절하게 영어를 가르쳐주고, 재미가 붙어 이동하는 차량에서 영어 테입을 들으니 스케이트보다 더 쉽게 영어가 늘지 않았겠는가? 극성이라는 연아 엄마가 연아의 영어를 위해 조기 유학을 보냈다면 연아는 무엇이 되어 있을까?

이런 얘기를 하면 "우리 애가 지성이처럼 축구 재능도 없고, 내 딸이 연아처럼 운동 신경도 없고, 내가 그 비싼 피겨를 가르칠 돈이 없으면 어떻게 하나? 중간이라도 가게 이웃들처럼 영어라도 가르치고 해외 영어 단기 연수라도 보내야지!"라고 한다.

충분히 이해는 간다.

그러나 영어를 강제하기 전에, 내 아이가 어떤 재능을 타고 났는지 인내심 있게 살펴보기는 했는가? 어학에 소질이 없다고 하면 "네가 잘 할 수 있고, 자신 있는 건 뭐냐?"고 물으며 대기만성을 기다려보기는 했는가를 자문해야 한다. 조기 해외 유학을 하면 한가지는 좋을 것이다. 즉, 외국인과의 교제나 외국 생활에 적응하는 능력을 기를 수 있다. 그마저도 실패해 음주나 마약에 빠지는 청소년이 많다고 하니 하기 나름이다.

세상은 넓고 할 일은 많다. 하루가 멀다하고 변화, 발전하는 시대에 남들이 안 하는 분야에 도전할 수 있도록 자식들의 용기를 북돋아 줘야 한다. 싫지만 남들 다하는 영어 공부나 강요해 아이들을 화나게(exasperate)해서는 살아남기가 힘들어진다. 그 결과는 그렇게 힘들게 쌓은 스펙을 갖고서도 청년 취업난에 허덕이고 있지 않은가?

참고로 필자는 외국어가 제일 쉽고 재미있었기에 고시 공부를 하라고 말씀하시던 아버님의 염원을 저버리고 외국어에 올인했을 뿐이다. 운동 신경이 뛰어나지 못했고, 미술에도 흥미가 없었다. 그래서 지금 영어 선생으로 푼돈을 버는 "생계형 교수"로 살고 있다.

인간은 크든 작든 한가지 재능은 타고 난다고 믿는다.

이명박 영어를 통해 본 영어학습 비결 (조선일보, 2008년 1월 25일)

이명박 대통령 당선자의 영어 실력에 대한 기사를 잇달아 읽었다. 당선자가 통역 없이 외국인들과 대화를 하고 연설까지 영어로 하는데 과연 그 실력이 어느 정도일까 호기심에서 나오는 보도들이다. 우선 당선자는 통역 없이 충분히 의사를 전달할 수 있는 수준으로 보인다. 필자는 1990년대 초 정주영 현대 그룹 회장의 통역을 해보았다. 그는 영어를 직접 구사하지는 않았지만 상대방의 영어를 눈치로 거의 다 알아들었다. 특히 공사금액 같은 숫자가 나오면 통역을 통해 확인하는 철저함을 보였다. 그에게는 미사여구가 아니라 사업이 중요했다. 이 당선자도 마찬가지라고 생각한다. 대학을 졸업하고 현대건설에 입사해 수많은 해외여행을 다니면서 현장에서 영어를 익혀 직접 구사하게 됐을 것이다.

당선자 영어의 비결은 자신감이다. 그는 자신의 영어가 완벽하지는 않지만 통한다는 자신감을 갖고 있다. 영어로 농담을 해도 웃을 것이라는 자신감이 넘친다. 사람들은 상대방의 지위가 높을수록 상대방의 말에 더 큰 주의를 기울여 이해하려고 노력한다. 이 당선자는 현대그룹의 회장직을 거쳐 서울시장, 이제는 대통령까지 되었기에 그의 말은 훨씬 더 잘 먹힌다. 상대방이 그를 이해해야 하기 때문이다. 못 알아들으면 듣는 사람만 손해다.

물론 이 당선인의 영어에는 특유의 억양이 있다. 한 사람의 외국어는 그가 구사하는 모국어의 거울이다. 모국어를 들어보면 외국어 수준도 짐작할 수 있다. 우리는 모국어만큼만 외국어를 구사할 수 있고, 모국어의 억양이 대부분 외국어에 그대로 묻어난다. 이 당선인의 영어에도 경상도 사투리 억양이 그대로 드러나지만 그것은 큰 문제가 아니다. 다른 사람도 마찬가지다. 반기문 유엔 사무총장의 영어에는 충청도 사투리 억양이 강하다. 그가 고교 시절 미국에 가 케네디 대통령을 만났을 때 하던 영어와 거의 차이가 없다. 결코 원어민 수준의 유창한 영어가 아니다. 그런데도 막중한 유엔 사무총장의 역할을 수행하는데 아무 문제가 없다. 영어 학습에서 중요한 것은 바로 그것이다. 자신이 하는 일에 자신감이 있으면, 외국어에도 그 자신감이 나타나고, 이상한 발음과 억양은 오히려 그의 언어적 카리스마가 되어 상대방을 휘어잡는다.

히딩크를 제외한 본프레레나 베어벡 같은 축구 대표팀 감독들의 영어는 거의 알아들을 수 없을 정도였지만, 축구협회의 통역을 거쳐 큰 문제 없이 전달됐다. 세계의 챔피언인 우리의 박지성, 박세리, 최경주, 김연아, 박태환 등도 이제 국제무대에서 제법 훌륭한 영어를 구사한다. 문제는 영어 자체가 아니라 자신의 의사를 표현할 수 있다는 자신감이다. 의지만 뚜렷하면 말은 그냥 나온다. 조기 유학으로 대변되는 영어 학습 열풍의 동조자들이 새겨야 할 대목이다.

김연아 영어 단상(斷想) (조선일보, 2009년 4월 5일)

최근 세계피겨선수권 대회에서 우승한 김연아 선수는 수상 후 가진 외신과의 인터뷰에서 유창한 영어 실력을 보여 또 다른 칭찬을 받았다.

조선일보는 연아의 영어 교사가 엄마 박미희(52)씨로, 박 씨는 딸이 어릴 때부터 하루 3~4시간씩 차에 태우고 훈련장을 오가는 시간에 영어 테이프를 끊임없이 듣도록 했다고 보도했다.

과연 그럴까? 그렇다면 역시 영어 인터뷰를 거뜬히 해내는 축구의 박지성, 골프의 박세리와 최경주, 수영의 박태환 등 모두가 엄마 덕에 영어 테이프를 들었을까? 그들의 공통점은 엄마의 정성이 아니라 바로 자신의 분야에서 경지에 오른 데서 나오는 자신감이다.

여기서 우리는 영어학습의 비결 중 하나를 찾아낼 수 있다. 영어를 배우려고 조기유학을 가기보다는 자기 전문분야에 대한 실력을 길러야 한다는 것이다.

말이란 모국어든 외국어든 그 내용(콘텐츠)이 중요하다. 표현할 내용만 확실하면 말은 어떻게든 흘러나온다. 말이 안 되는 사람은 할 말이 없거나 무슨 말을 해야 할지 모를 뿐이다.

필자가 보기에 우리 언론이 서투르게 보도하는 이슈 중 하나가 특정인의 영어 실력에 관한 것이다. 최근 모 대학을 수석 졸업한 여학생을 두고 외국어에도 능통해 4개 국어를 능숙하게 구사한다고 했다. 이 말은 피아니스트가 바이올린·비올라·첼로를 다 연주한다고 하는 것과 같다. 그럴 수가 없는 일이다.

국제 스포츠 경기에서 우승한 우리 선수가 외국 언론과 영어로 인터뷰하면 완벽한 영어를 구사했다고 보도하기 마련인데 실제로 녹음된 테이프를 들어 보면 그냥 무난히 의사 전달하는 수준이다. 오늘 컨디션이 어땠고, 무엇이 쉬웠고 어려웠으며, 앞으로 더 잘하겠다. 감사하다는 말뿐인데 무엇이 크게 어려울까? 그런데 왜 자꾸 그런 과장 보도가 나오는 걸까?

현재 미국대사로 있는 한덕수 전 총리도 영어 잘하는 사람이 얼마나 많은데, 나서기가 곤란하다고 한 적이 있다. 그래도 언론 하마평에는 그의 양복 주머니에 최신 영어 표현을 적은 수첩이 있을 정도로 노력한다는 에피소드가 빠지지 않는다. 총리까지 지낸 사람이 국사에 바쁠 텐데 작은 영어 공부에 매달리는 모습을 국민이 좋아할까?

세계를 제패하는 우리의 골프·축구·수영·스케이트 선수들이 운동 실력만큼 영어에서도 완벽하지는 않다. 때론 우승컵을 받고 몇 마디 하는 영어다. 조기영어 교육에 지친 학생과 부모가 열등감을 느끼며 부러워할 수준은 아니다. 반대로 우리 언론은 히딩크, 본프레레, 아드보카트, 베어벡 등 네덜란드 출신 축구 감독들의 엉터리 영어는 한 번도 비판한 적이 없다. (끝)

스포츠 스타들의 영어(2018.02.02 매일경제)

인공지능 번역이 언어 장벽을 허물어 인간 통·번역사들을 필요 없게 만들 것이라는 기계번역 회사들의 선전과 홍보에도 불구하고 우리 사회의 영어 열기는 식을 줄을 모르고 있다. 최근 호주오픈 테니스에서 돌풍을 일으켜 온 국민을 행복하게 만든 정현의 영어 인터뷰 실력은 학부모들의 자식 영어 교육 열기를 더 뜨겁게 달굴 것으로 보인다.

필자는 기회가 있을 때마다 정치인이나 스포츠 스타 등의 영어 실력은 그들의 전문 분야에 대한 '자신감'에서 나온다고 주장해 왔다. 수영의 박태환, 피겨스케이팅의 김연아, 스피드스케이팅의 이상화 등 직전 세대 천재들과도 좀 다르게 테니스의 정현, 축구의 손흥민, 골프의 전인지 등은 영어 인터뷰에서 더 큰 자신감을 보이고 있다.

직전 세대 스타들이 경기에 집중하다가도 "진짜 우승해 영어 인터뷰를 하게 되면 어쩌지?"라고 스트레스를 받던 상황에서 벗어나 거리낌 없이 웃으며 회견에 임하는 수준이 된 것이다. 호주오픈에서 승리할 때마다 경기장에서 인터뷰를 너끈히 해낸 정현의 영어를 유심히 들어보면 문법에 맞지 않고 어색한 표현들이 눈에 뜨인다. 6세에 테니스를 시작했고, 투어 대회에 나가기 위해 10대 때부터 영어 공부를 했다고 하는데 외신들이 전하는 '글로벌 수준의 완벽한 영어'와는 거리가 있다. 예를 들어 "경기장에서 나를 응원하는 친지들이 너무 많다"라고 했을 때 too many가 아니라 too much라 했고, "승리를 목전에 두고 어떻게 승리 세리머니를 할까 생각했다"고 할 때 쓴 ceremony는 celebration이 더 맞는 표현이다.

그런데 왜 영어 원어민들마저 정현의 영어에 감탄하는가? 바로 정현의 영어에서 나타나는 '자신감'에 압도되기 때문이다. 승자인 정현이 '갑'이고, 관중은 모두 '을'이다. 완벽한 문장이 아니더라도 관중은 정현을 이해할 준비가 되어 있다. 못 알아들으면 그들이 손해이기 때문이다.

여기서 우리는 자식들 영어 교육의 방향을 찾을 수 있다. 자식이 재능을 타고난 분야에서 전문가가 되도록 뒷받침만 해주면 그 자신감을 바탕으로 영어는 그냥 따라온다는 것이다. 어느 영어 전문가가 말했듯 영어에 대해 '씩씩한 마음'을 갖는 것이 중요하다는 말이다. 인공지능의 통역은 그 자신감마저 전할 수는 없을 것이기에 우리는 스스로 영어 말하기를 깨쳐야 한다.

'타고 난다'는 것(2011. 1. 28)

폴 포츠, 수전 보일, 허각, 존박... 국내외 TV 오디션 프로그램에서 뽑혀 우리 귀에 익은 이름들이다. 그들이 세상에 재능을 드러내는 순간의 녹화 장면을 볼 때마다 나는 괜스레 눈물이 난다. 현재 진행 중인 모 공중파 TV 오디션에서도 심사위원들이 평가를 내리기도 전, 내 귀에, 그리고 내 눈에 '팔자처럼' 노래 잘하는 후보자를 볼 때마다 찌릿하게 눈물이 나고 목이 메인다.

노래뿐만 아니라 스포츠에서도 남보다 월등 뛰어난 재주가 있는 사람을 우리는 '타고 났다'라고 한다. 박지성이 그렇고, 신지애, 박찬호가 그러하며 김연아, 추신수가 그렇다. '타고 났다'라는 말은 과연 무슨 뜻일까? 몇 년 전 한국 프로농구의 S 감독은 최고 득점상을 받은 자기 팀의 J 선수를 칭찬하면서 "드리블과 패스는 선수들이 열심히 연습하면 엇비슷하다. 그러나 골 앞에서 슛하는 순간 J는 다르다. 그는 슛쟁이로 태어났다"라고 했다. 박지성이 수많은 수비수들을 제치고 문전으로 쇄도할 때가 그렇고, 신지애가 러프를 탈출하며 어프로치 샷을 홀 컵에 붙일 때가 그러며 김연아가 트리플 점프를 할 때가 그럴 것이다.

통역에도 타고 난 인재들이 있다. 통번역대학원에서는 평균 1년에 한두 명이 내게 타고났다는 느낌을 준다. 그것은 어릴 때 외국 생활을 많이 해 다른 학생보다 유리한 입장에서 출발하는 것과는 다른 차원이다. 상대방이 하는 말의 뜻을 재빨리 간파하고, 아 해 다르고 어 해 다름을 눈치채 1-2초 만에 순간적으로 생각을 정리해 다른 말로 옮기는 것을 들으면 '타고 났구나'하는 느낌을 받는다. 그런 통역을 들으면 기분이 좋아지고 더 듣고 싶어진다.

매년 연말의 입시 면접에서 가뭄에 콩 나듯 나타나는 그런 수험생을 보면 찌릿한 감동을 느끼고, 그렇게 기쁠 수가 없다. 특히 여성이 더 우수한 자질을 보이는 통역에서 남학생이 그런 자질을 보일 때는 더 반갑다. 면접시험을 볼 때 그렇고, 국제회의에 배치한 졸업생들이 무대 공포감을 떨치고 야무진 통역을 할 때 가슴이 뭉클해진다. 그러나 최근 인터넷 시대에 접어들며 통역에 가장 중요한 모국어가 무시되고 영어 교육이 우선시되면서 한자도 가르치지 않았기 때문인지 그런 인재가 점점 더 줄어드는 것 같아 안타깝다.

작년 G20 회의를 성공적으로 마친 정부의 고위 관리 몇 사람이 최근 "영어만 잘하는 게 능사는 아니다. G20 회의를 위해 유창한 영어를 구사할 필요성을 절감했지만 오히려 영어만 잘해선 소용이 없다는 걸 뼈저리게 느꼈다"고 했다. 한 장관은 기자들과 만나 "G20 회의 때 썼던 내 영어는 사실 콩글리시(한국식 영어)다. 자신감 있게 말했더니 콩글리시도 모두 이해하더라. 매끄러운 회의 진행을 위해선 유창한 영어보다는 축적된 경험과 알맹이 있는 발언 내용이 더 중요했다. 경험과 배짱이 쌓이면 못 할 일이 없다. 한국에서 배운 토종 영어라도 자신 있게 얘기하면 모두 알아듣는다. 그래서 각국 재무장관들이 모인 국제회의도 무리 없이 진행할 수 있었다"라고 했다.

또 한 관리는 "G20 정상회의 준비를 위해 해외 유학을 다녀왔거나 해외에서 직업을 가진 민간인을 채용했는데, 정부 일이라는 게 영어만 잘한다고 되는 게 아니더라. 실제 겪어보니 영어만 잘하는 인재로는 일 맡기기에 부족하고, 행정 경험과 우리나라에 대한 지식이 풍부한 인재여야만 일을 제대로 처리한다. 외국에 나가 우리나라의 역사와 문학을 영어로 유창하게 설명할 수 있는 인재를 국내에서 부모 밑에서 키워야 한다. '토종 영어 인재'의 육성이 중요하다"고 강조했다는 것이다.

필자는 이미 몇 년 전 조선일보에 기고한 '이명박 영어를 통해 본 영어학습 비결', '김연아 영어 단상' 등의 기고문을 통해 자녀 교육에 중요한 것은 영어 조기 학습이 아니라 자녀들이 타고난 재주를 살려주는 것임을 강조해 왔다. 물론 "내 자식이 노래도, 스포츠에도 타고난 재주가 없는 둔재일 때는 어떻게 하나?"라는 반론이 있을 수 있다. 그러나 자식에게 타고난 재주를 살릴

시간도 주지 않고 모두가 달려드는 영어 교육에 덩달아 올인 하다가 타고난 재주를 놓치는 우를 범하고 있지는 않은가?

박지성이 타고난 축구의 재주를 뒤로하고 영어 공부를 먼저 했다면 어떻게 되었을까? 30세도 안 돼 조국의 월드컵 유치를 위한 발표장에서 영어로 프리젠테이션을 할 수 있었을까? 김연아가 피겨스케이팅을 포기하고 조기 영어 유학을 떠났다면 올림픽 금메달을 딴 자리에서 유창하게 영어 인터뷰를 할 수 있었을까? 자신이 타고난 재주를 먼저 계발해 1인자가 되고 나면 그 자신감으로 영어는 훨씬 더 쉽게 터득할 수 있다.

통역사를 양성하는 필자의 입장에서는 타고난 재주가 외국어라면 그 자질을 타고난 자가 외국어를 공부하고 통번역대학원에 응시해 통역사가 되는 것이 자신과 사회에 더 크게 기여할 수 있다는 말이 될 것이다.

물론 특별한 타고난 재주만으로 아무런 노력 없이 그 방면의 달인이 될 수는 없다. 부단한 노력으로 그 재주를 갈고 닦아야 한다. 물 위에 떠 있는 오리가 부단히 물갈퀴를 놀려야 하듯이 남들이 모르는 노력을 끊임없이 해야 한다. 타고난 통역사라도 회의 전 열심히 자료를 연구하고도 통역 직전에는 불안한 긴장감을 느낀다. 그렇다고 그런 통역사가 다른 사람보다 특별히 잘났다는 뜻은 아니다. 여러 재능 중 그 하나를 타고 난 것뿐이다.

그런 재주를 타고난 자는 다른 약점이 있는 경우가 흔하다. 예를 들어, 뛰어난 통역사 중에는 운동 신경이 없거나 방향 감각이 전혀 없어 길 눈에 어두운 자가 많다. 조물주가 인간을 평등하게 만든 것이다. 그래서 이 세상이 재미있고, 살 만한 것인지도 모른다.

지난 학기 나는 대학원 1학년 학생들에게 "나는 통역사로 태어났는가?"라는 제목으로 리포트를 쓰게 했다. 과연 통역이란 어떤 것이고, 번역과 어떻게 다른가를 스스로 깨치게 하기 위한 숙제였다. "타고 나지 않은 자는 통역을 포기하란 말인가?" 라는 일부의 반발 속에 제출된 리포트의 대부분은 "내가 통역사로 타고 났는지는 확신할 수 없지만 훌륭한 통역사가 되기 위해 부단히 노력하겠다"라는 내용이 주류를 이루었다. 정답이다. 정치적으로 올바른 대답이기도 하다. '대기만성'이란 말이 있듯이 길고 짧은 것은 두고 봐야 하는 것이기 때문이다.

오늘도 나는 TV에서 오디션을 받으며 타고난 노래 재주를 선보이는 가수 지망생들을 보며 눈시울을 적시고 '오는 새 학기에는 또 어떤 제자가 타고난 통역사의 자질과 노력을 보여줄까' 기대하면서 이 혹독한 겨울을 보내고 있다.

어느 재학생의 의견(2010. 6. 17)

2010년 1학기 말에 제출된 리포트에서 한 재학생이 피력한 의견에 대해 다음과 같이 답했다. 당사자의 신분은 철저히 비밀에 부치고 내용만을 발췌했다.

==

문) 수업 시간에 각자의 통역에 대해 크리티킥을 받고 "이렇게 해야 한다, 저렇게는 하면 안 된다"는 교육을 받긴 하지만 백문이 불여일견이라고 실제로 교수님들과 훌륭한 선배들의 통역 best practice를 모아 놓은 데이터베이스가 있다면 그 속에서 각자에게 맞는 모델을 찾아 본받고 그보다 더 나아질 수 있도록 목표 설정을 하기가 훨씬 수월하지 않았을까 생각합니다. 고수 선배들이 직접 통역하는 것을 녹음 혹은 녹화한 자료를 입수하는 것은 물론 제한된 경우에 한하리라는 것을 알고 있습니다. 하지만 시도했다면 그 동안 가능한 범위에서도 유용한 자료들이 꽤 모아졌을 것이고, 저처럼 통역사로 태어나지 못했고 창의력도 부족한 후배에게는 더없이 훌륭한 학습 자료가 되었을 것이라고 생각합니다.

답) 나도 프랑스의 ESIT를 3년이나 다녔고, 유럽에서 매년 열리는 세계 통역학교 협회(CIUTI) 총회를 이제 6년이나 참석했지만 그런 데이터베이스가 있다는 학교는 못 봤습니다. 대부분 학교가 <Swim or sink!>의 모토로 가르치고 있습니다. 학교는 방향만 제시하고 길을 찾는 것은 학생들 몫이라는 원칙이지요.

우선 통역의 녹음은 쉽게 할 수 없습니다. 지적 재산권 문제도 있고, 통역사나 주최 측의 동의가 필요하기 때문입니다. TV 동시통역은 시간에 맞춰 들어볼 수 있고 인터넷 화면을 캡쳐해 반복 청취도 가능하며, 국제회의에 가서 통역을 들어보는 것은 학생 개개인이 스스로 노력할 문제입니다. 그것이 기업과 다른 점이지요. 통역은 그 시점의 순간적 예술이라 몇 년 전의 통역은 best practice가 아니라 이미 전설입니다. 신성일/엄앵란의 영화를 보고, 고복수의 노래를 듣는 것과 같습니다. 젊은 강사들의 얘기를 듣고, 개인적으로 부탁해 회의장을 찾아 통역을 들어보세요. 통대 교수진이란 그런 데이터베이스를 만들 만큼 한가한 사람들이 아닙니다. 강의하고, 논문쓰고, 실제 통번역을 하며 생활비에 보태야 하는 중산층입니다.

그런 데이터베이스의 도움을 받겠다는 발상은 손 안대고 코풀겠다는 안이한 생각입니다. 앞으로도 그런 데이터베이스는 구축되지 않을 것입니다. 오리지널 연설문을 확보하고, 실제 연설과 통역을 녹음해 보관하는 일은 그 일만 하는 교수를 확보한다 해도 어려운 일입니다.

문) 국내 최고의 GSIT 재학생으로서 자신도 부끄러운 점은 셀 수 없지만 "실제로 그곳에 들어가 보니 과연 듣던 대로 최고더냐"라고 누군가 묻는다면 “우리 학교에는 이러 이러한 교수님들이 계신다는 것 외에는 자랑할 것을 찾기가 쉽지 않습니다”라고 답할 것 같습니다. 통역사로 태어나지 않은 범재이기에 일주일에 14시간 수업과 독학 이외에 외대 GSIT에서만 얻을 수 있는 플러스 알파가 너무나 아쉽습니다. 그 플러스 알파를 눈앞에 두고도 못 찾고 있다고 꾸짖으신다면 정말 기쁠 것 같습니다.

답) 전문 통번역 과정을 2년에 마치는 일은 정말 어려운 과업입니다. 4년을 해도 시간이 모자를 일입니다. 나는 매년 치열한 경쟁을 뚫고 들어온 학생들이 말을 알아듣지 못하는 경우를 보고 충격을 받습니다. 우선 말을 정확하게 알아듣는 실력은 데이터베이스가 아니라 스스로 노력해야 합니다. 데이터베이스가 해줄 수 있는 일이 아닙니다. 시간 강사를 포함한 교수진의 강의를 듣고 질문을 하고, 신문을 보며 시사를 이해하고, 끝없이 자습과 그룹 스터디를 하며, 실제 통역 현장을 찾아다닐 수 있는 여건이 된다면 그것이 플러스 알파입니다.

나는 30년 전 한 번도 통역을 해보지 않은 교수진으로부터 통역을 배웠습니다. 통번역이 말 놀음이 아니며, 지식 싸움이며 의미의 전달이라는 진리도 내 스스로 깨친 후 후배들에게 거품을 물며 강조하고 있는 겁니다. 지금 통대 재학생은 역전의 용사들로부터 <이렇게 하면 된다>라고 배우고 있기 때문에 2년에 과정을 마칠 수 있는 겁니다. 나는 4년이 걸렸지요. 4년을 2년으로 줄일 수 있는 환경이 플러스 알파 아닙니까? 아주 큰 알파지요.

나는 8년 후면 퇴임이지만 다른 전임은 아직 평균 18년이 남았습니다. 이후의 통대 앞날은 그들이 책임지겠지요. 나는 12년 전 모교에 임용된 후 비뚤어진 학교를 바로잡기 위해 안 해본 일이 없습니다. 이제 우리 통대는 <학생들이 실력대로 평가받고, 졸업 후에는 실력대로 돈을 버는> 공정한 운동장(level playground)으로 바뀌어 있습니다. 현 재학생으로서 공정하지 못한 관행이 있으면 말해보세요. 내가 규정의 두 배인 12년 만에 안식년을 가는 것도 그 때문입니다. 나는 할 만큼 했다고 자부합니다.

결론적으로 말하면, 학생으로서 할 일은 하지 않고, 학교가 날 위해서 무엇을 더해줄 수 있는가만 묻고 있습니다. 게으르기 짝이 없는 태도이지요. 플러스 알파가 아니라 학교 내외에 깔려있는 기본 데이터베이스도 활용하지 못하면서 플러스만 찾고 있습니다. 스터디 룸이 부족하다고 불평하지만 오후에 학교 4, 5, 6층을 가 보세요. 텅텅 비어 있습니다. 설령 알파의 데이터베이스가 있다고 해도, 활용할 수 있는 실력과 성의가 없는 학생이 대부분입니다. 자신이 할 수 있는 실력 배양을 해놓고 학교 탓을 해야지요. 있는 자원과 환경도 이용하지 못하면서 더 많은 지원을 요구함은 무리입니다. 우선 연설을 이해하는 청취력부터 기르세요. 데이터베이스가 해줄 수 있는 일이 아니예요. 기초 실력도 없으면서 고급 데이터를 찾으면 뭘합니까?

이래도 불만이 있다면 그런 데이터가 있는 다른 학교로 가세요. 다른 통대를 다니다가 우리 통대에 온 학생들이 <다른 학교와 비교가 안된다, 완전

히 다르다>고 증언하고, 다른 통대와 시내 학원가에서 왜 우리 통대를 하늘 같이 생각하는지를 모르는 사람은 우리 통대를 다닐 이유도, 그럴 자격도 없는 자입니다. Now, ask, what you can do for your school!

12년 만의 고언(2010. 6. 28)

다음 학기(2011년 1학기)부터 1년간 안식년을 갖게 되었다. 젊은 교수들은 해외로 나가지만 나는 주로 국내에 머물며 자유 여행을 하려고 한다. 강의만 하지 않을 뿐 여러가지 일과 생각을 해 볼 작정이다. 12년 만에 갖게 된 안식년이라 약간의 두려움이 일기도 한다. 평생을 일 속에 빠져 살아왔기 때문이다.

최근 통대의 현황에서 한 가지 걱정이 있다. 최근 2-3년 간 한영과의 점점 더 많은 교수, 강사들이 재학생들의 자질에 대해 우려를 표하고 있는 점이다. 학급의 반 이상 학생이 기본 실력조차 없다는 것이다. 통역은커녕 우리 말이나 영어를 잘 알아듣지도 못한다는 것이다. 특히 한영 통역은 심각한 수준이라고 한다. 이런 상태로 졸업한 사람들이 통역 시장에서 고객들로부터 "통대 졸업생 맞아? 더군다나 외대 통대 졸업생이?"라는 불평을 듣는 사례가 점점 더 자주 들려오고 있다.

이유는 두 가지 중 하나, 전국적으로 통대 지원생들의 수준이 떨어졌거나, 우리가 입시를 잘못 운영하고 있을 지도 모른다. 그래서 내년(2011)의 입시부터는 1차 문제를 모두 영어 주관식으로 바꾸고, 교과 과정도 대폭 개정하려고 한다. 시내 학원 통대 입시 준비반에서 1차 시험의 <찍기>를 배워 들어오는 학생들 때문에 진짜 실력이 있는 사람들이 다른 학교로 가는 게 아닐까라는 의구심이 커지고 있다. 이미 졸업한 사람들이야 어쩔 수 없다 해도 재학생 여러분은 이런 현실을 직시해야 한다.

여러분 중 반 이상이 모국어가 없는 상태이다. 우리나라 어문 교육이 잘못되어 영어만 강조하다 보니 영어도, 한국어도 모국어가 아닌 alingual 상태가 된 것이다. 그런 상태를 자각하지도 못하는 사람이 많다. 간단한 문장 번역을 시켜봐도 그 말이 맞는 말인지, 뭐가 잘못됐는지 헤매는 사람이 많다.

모국어가 없으면 깊고 정확한 사고를 할 수 없다. 한국어든 영어든 듣고 읽을 때 분명한 메시지가 떠오르지 않고 희미한 안개 속을 헤매는 것과 같다. 모국어로 얘기할 때는 말이 생각을 따라가고, 외국어로 얘기할 때는 생각이 말을 따라간다는데 여러분은 모두 잘 안되는 두 언어를 생각이 따라가니 명석한 사고도 할 수 없고 통역이 느려지는 것이다.

이런 학생들은 더욱 분발해야 한다. 졸업하기 전 두 언어 중 한가지라도 확실하게 익히지 않으면 통번역 실무는 물론 한 평생을 희미한 안개 속에서 살지도 모른다.

첫째, 서울에 살면서 우리 말을 확실하게 배워야 한다. 한자를 모르면 영어 단어 전에 한자를 먼저 배워야 한다. 신문마다 NIE 섹션도 있다. 그래야 매일 아침 읽는 신문 기사들을 분명히 이해할 수 있다.

둘째, 영어도 문법 등 기초부터 다시 확인한 후 좋은 문장을 많이 외워야 한다. 회의 통역반 학생 중 자꾸 졸업 시험에서 떨어지는 사람들은 영어 문장 외우기를 게을리 한 결과이다. 원어민들이 하는 영어의 자연스러움(spontaneity)이 없고, 영어에 번역 냄새가 나고, 유창함(fluency)이 없는 것이다. 그런 기본 실력도 없이 "학교가 날 위해 해준 게 뭐가 있나?"라고 하면 안 된다. 여러분을 잘못 뽑은 학교에도 책임이 있지만 통대생의 기본기를 익히는 것은 여러분의 몫이기 때문이다.

통역과 우리말(2009. 12. 21, 한겨레신문)

삼인행 필유사(三人行 必有師: 세 사람만 모이면 그중 배울 점이 있는 사람이 있다)라는 말이 있다. 지난 11월 26일 한겨레말글연구소 제5차 학술 발표회 '유엔·국제기구 공용어 어떻게 늘릴까'라는 모임도 마찬가지였다. 필자는 한 발표자의 토론자로 나갔지만 현장에 가서야 주제의 의미가 '어떻게 하면 한국어를 유엔 공용어로 만들 것인가'라는 것임을 알았다. 필자는 외국어를 전공한 탓인지 그런 운동을 벌이고 있는 분들이 있음도 처음 알았고 그들로부터 많이 배웠던 것이다.

그날 토론에서 모임의 취지에 맞게 필자가 즉석에서 급조해 내린 결론은 "한국어를 유엔 공용어로 만들려면 우선 우리가 우리 말을 더 사랑해야 한다"는 것이었다. 현장의 반응은 분명하지 않았지만 필자에게는 다시 많은 생각을 하는 계기가 되었다. 영어와 불어를 하면서 통역을 가르치고 있는 자가 웬 모국어 타령이냐고 할 지 모르지만 필자는 외국어를 하면 할수록 모국어의 중요성을 절감한다. 필자도 모국어를 바탕으로 외국어를 배웠고, 앞으로도 그럴 것이기 때문이다. 외국어는 모국어의 거울로 모국어만큼만 할 수 있기 때문이다. 외국어가 모국어보다 더 낫다면 이미 그 외국어가 모국어에 더 가까운 것이고, 그것도 아니라면 그 사람은 모국어가 없는 불쌍한 사람(alingual)이다.

필자는 매년 봄 대학원에 입학하는 신입생들의 모국어 수준이 점점 더 낮아지고 있음을 느낀다. 분명 우리나라의 어문 교육에 문제가 있는 것이다. '조기유학'으로 대변되는 영어 중시 풍조가 우리 자식들의 말과 사고 체계를 무너뜨리고 있는데 이를 직시하고 바로 잡으려는 어른들이 점점 더 줄어들고 있는 건 아닌가? 대학원에서 가르치고 있는 젊은 선생들도 맞춤법에 맞지 않는 우리 말을 쓰면서 자각도 하지 못하는 것을 보면 더 큰 좌절감을 느낀다. 유력 일간지와 TV 뉴스에서 조차 젊은 기자들이 쓰는 잘못된 우리 말이 안타깝다.

우리 대학원이 30년 전부터 배출해 시장에서 일하고 있는 통역사들은 이구동성으로 우리나라 사람들이 우리 말을 잘 못한다고 비판한다. 우리의 말하기 교육이 잘못된 것이다. 논리가 분명치 않은 연설을 하는 우리나라 연사를 만나면 외국인들을 설득할 수 있는 통역을 하기가 정말 어렵다. 도대체 저분이 무슨 말을 하려는 것인가를 유추하다 보면 통역이 더 어려워지고 느려진다. 통역사들은 그런 연사를 만날까 무섭다. 외국인 청중이 "연사와 통역사 중 하나는 엉터리"라는 결론을 내릴까 두려워진다.

이런 현실에서 우리 말이 갑자기 유엔 공용어가 되면 어떻게 될까? 유엔 회의 참석자들이 "한국어 연설은 잘 이해할 수 없다. 연설이 잘못된 것이냐, 통역이 잘못된 것이냐?"라고 따질 지도 모른다. 그렇다. 우리 말을 국제기구의 공용어로 만들려고 노력하기 전에 우리가 우리 말을 더 사랑하며 우리 말 교육을 강화해야 한다. 어린 세대에게 우리 말의 일부가 된 한자를 다시 가르쳐서라도 우리 말을 바르게 할 수 있도록 해야 한다. 국제 무대에 나가 논리적인 연설을 할 수 있는 어문 교육이 본 궤도에 올라야 우리 말이 떳떳한 유엔 공용어가 되어 빛나게 통역될 것이다.

필자는 약 50년 전 초등학교 때부터 조금이나마 한자를 배우지 않았다면 어떻게 이만큼이라도 우리 말을 할 수 있었을까 궁금할 때가 많다.

포춘 지를 번역하며(2009. 4. 20)

올해 초부터 한국일보 측의 의뢰를 받아 미국의 경제 잡지 포춘을 번역하는 일을 맡고 있다. 아니 제자들이 번역을 하고 필자가 감수를 하고 있다는 것이 더 정확하다. 미국의 포춘 지는 한 달에 두 번, 격주로 발행되지만 우리나라에서는 한 달에 한번 월간지로 발행한다. 매달 미국 잡지도 이슈의 주요 기사를 우리말로 번역하고, 우리 기자들이 쓰는 우리 경제 관련 기사는 영어로 번역해 미국 측에 제시하기 때문에 한 달에 잡지 한 권을 모두 번역하는 셈이다. 한 달에 2주일은 꼬박 이 번역과 감수 작업으로 보낸다.

지난 해 말, 포춘 코리아의 편집을 맡을 한국일보 기자분이 필자의 연구실을 방문했을 때 필자는 번역 계약이 성사될까 반신반의 하면서 몇 가지를 강조하였다. 첫째, 포춘 지 번역은 간단한 작업이 아니며, 어렵고 전문적이고도 장기적인 작업이 될 것이므로 합리적인 번역료를 지급해야 한다는 것이다. 시중의 싸구려 번역료로는 유능한 번역자를 확보하기 어렵고, 확보된 인력도 빠져나가 지속 가능성이 보장되지 않는다고 했다. 미국 쇠고기 파동 중에 드러난 오역 관련 논란도 번역자에 대한 올바른 대우가 선행되지 않은데 있었다고 믿는다.

둘째는 번역 시간을 가능한 한 많이 주어야 한다는 것이다. 인간이 하루에 번역할 수 있는 양에는 한계가 있다. 정신을 집중하여 번역을 하다 몇 시간이 지나면 더 이상 할 수가 없음을 느낀다. 인간은 기계가 아니기 때문이다. 하지만 시험호와 창간호를 만들다 보니 이 약속은 지켜지지 않았다. 신문사에서도 처음 하는 작업이다 보니 마감 시간을 맞추기가 힘들어 번역 시간이 절대 부족했는데 그 대응책으로 필자는 애초 예상보다 많은 제자를 동원했다. 시간이 없으니 인해전술을 쓴 것이다. 결과는 필자의 감수 작업량이 늘어난 것이었고, 자정을 훨씬 넘긴 시간에 컴퓨터를 마주하고 활자판과 씨름을 했다. 인간이 하루에 감수할 수 있는 양에도 한계가 있을텐데…

셋째로 양측이 합의한 것이 실명제 번역이었다. 번역자의 이름을 기사 끝에 명기하는 것이다. 제자들은 자신의 이름이 잡지에 나간다는 사실 때문에 더 열심히 번역하고 있다. 자신과 가문의 명예가 걸려있기 때문에 온갖 자료를 들춰보고, 주위의 전문가들에게 자문을 구하며 정확한 번역을 하려 최선을 다하고 있다.

필자는 제자들에게도 몇 가지를 강조했다. 첫째, 아무리 마감 시간에 쫓겨도 우선 기사 내용을 이해한 후 번역을 시작하라. 번역자가 이해하지 못한 기사는 번역할 수 없고, 해봐야 독자가 이해할 수 없기 때문이다. 제자들은 이 요구를 잘 이해하고 따라 주었다. 둘째, 번역 냄새가 나지 않게 하라. 어릴 적부터 영어 공부에 매달려 한자도 잘 모르는 제자들에게는 정말 어려운 주문이었지만 필자의 감수를 보고 제자들의 우리말 표현력도 일취월장하고 있어 다행이다.

이제 창간호 이후 매달 잡지 호수가 쌓일 때마다 번역의 품질도 점점 더 향상될 것이다. 필자와 제자들을 믿고 밀어준 한국일보 측에 감사드린다. 포춘 코리아는 널리 읽히는 좋은 잡지가 될 것이다.

통번역, 끝없이 배우고 제대로 하라

차라리 존댓말이나 존대 어미를 일절 쓰지 마라
(2016. 7. 7)

나는 대학원 제자들에게 통역할 때나 공식 석상의 발언 시 차라리 존댓말을 일절 쓰지 말라고 강변한다. 해외파든 국내파든 우리말 어법을 잘 배우지 못한 학생들이 너무나 어색한 존댓말을 쓰기 때문이다. 사물을 높이는 사물 존대나 연장자한테 차상위 연장자를 높이는 '압존법'에 어긋나는 말을 하는 이들이 너무 많다. 그들은 잘못 말해놓고도 그런 줄을 모르니 더 답답해 "차라리 일절 높임말을 쓰지 말라"고 하는 것이다. 대학원 2년 동안 아무리 강조해도 못 고치고 졸업하는 이가 아주 많다. 통역은 잘 못 하면서 어긋난 존댓말만 잔뜩 쓰면 "무식하고, 비굴하고, 불쌍해 보인다"라고 까지 한다. "과공은 비례"임도 물론이다.

- 댓글: **dimartino (2016-07-18 13:42:18)**

안녕하세요 교수님.

저는 '한국 사회의 차별과 억압(최봉영 저, 지식산업사)'이라는 책을 읽고 한국어 존비어 체계에 대해서 관심이 많은데요. 교수님께서 쓴 글에서는 "존댓말을 어설프게 쓸 바에는 차라리 반말을 써라"이고 다른 기사에서는 "존댓말을 쓰지 말자"인데 교수님께서 주장하는 바는 전자만인지 아니면 둘 다인지 약간 헷갈려서 이렇게 댓글을 올립니다. 저의 경우는 존댓말, 반말 둘 중에 하나로 통일해서 써야 한다고 생각합니다.

- 답글: 곽중철 **(2016-07-18 18:58:22)**

제가 "차라리 반말을 써라"고 하지는 않았는데요? 존댓말을 쓰지 말라는 것은 이래라 저래라 하라는 게 아니라 "하셨습니다"를 "했습니다"로 하라는 겁니다. 통역사는 공인(公人)이기 때문에 통역 중에 "박대통령님이 말씀하셨습니다"보다는 "박대통령이 말했습니다"라고 할 수 있는 것은 언론 보도의 문체와 같다는 말씀입니다.

- dimartino (2016-07-18 19:34:23)

존댓말의 상반된 개념이 반말이다 보니, 차라리 존댓말을 일절 쓰지 마라는 것을 차라리 반말을 써라는 것으로 확대 해석을 했네요. 제가 논점을 잘못 이해하고 교수님의 주장과 전혀 상관없는 존비어 체계에 대해서 괜한 언급을 한 것 같습니다. 혹시 기분이 불편하셨다면 사과의 말씀을 드립니다.

- 곽중철 **(2016-07-18 19:48:34)**

천만에요, 좋은 지적이었습니다.

우리나라에 名연설이 없는 이유
(2014. 5. 9, 조선일보)

통역대학원의 강의 교재는 주로 동시대의 각종 연설문이다. '통역'의 대상은 대부분 연설이기 때문이다. 그런데 우리말로 통역할 외국어 연설문은 찾기가 어렵지 않다. 영어는 인터넷의 여러 영어 사용 국가 사이트에 훌륭한 연설이 널려 있어 어떤 연설로 통역 연습을 할까 고르기가 어려울 정도다. 이번에 네 번째로 방한한 오바마 대통령만 하더라도 5개가 넘는, 그의 말대로 '섹시'한 연설을 남기고 갔다. 지난번과 마찬가지로 용산 미군 기지에서 한 연설은 통역하기에 신나는 '미군 통수권자'의 웅변이었다.

하지만 외국어로 통역할 우리말 연설은 찾기가 어렵다. 인터넷을 아무리 뒤져봐도 없다. 청와대 홈페이지에서 대통령 연설문을 볼 수 있고, 총리실과 기획재정부 사이트에서 국무총리와 부총리의 연설을 몇 개 발견할 수 있을 뿐 장관이나 그 많은 국회의원 연설은 어디에도 없다. 장관과 의원들이 어디선가 많은 연설을 할 텐데 기록으로 남는 것이 없다. 공기관이나 사기업의 대표들도 마찬가지다. 왜 그럴까?

역사적으로 글을 중요시하고 말은 경시한 전통 때문이기도 하겠지만, 우리 사회에 언로가 막혀 있다는 또 하나의 증거다. 자신이 한 말이나 연설을 기록으로 남길 자신이 없는 것이다. 자신이 현장에서 한 말이 두고두고 세인의 입방아 대상이 되기를 사전에 방지하는 것이다.

우선 대통령 한 사람만 바라보는 공직자들이 자신이 하고 싶은 말을 자제하고, 하고 싶은 말이 있어도 "너는 뭐가 잘났냐? 너나 잘해"라는 말을 듣기가 두려운 것이다. 공무원이든 국회의원이든 비리와 부조리에 연루되지 않은 이가 없는 만큼 '누이 좋고 매부 좋은' 말만 하고, 바른말을 했다 해도 기록으로 남기기는 꺼리기 때문이다. 인터넷에 올라 있는 공직자의 연설은 다 그렇고 그런 의례적인 말이기에 통역하기가 오히려 힘들고 그럴 가치도 없는 것이 대부분이다. 통찰력이 번득이는 내용이 없다. 그래선지 우리나라에는 연설을 전문으로 작성하는 사람이 적다. 청와대에 주로 언론 출신의 문고 비서관이 몇 명 있을 뿐 "연설문을 써서 밥 먹고 사는" 사람은 극소수다. 선진국이나 각종 국제기구에서 나오는 연설을 오랜 세월 전문가가 써 온 경우와 다른 것이다.

지난달 29일 박근혜 대통령은 국무회의 석상에서 세월호 참사에 대해 공식 사과했다. 정식으로 연설을 한 건 아니지만 이 발언의 역사적 의미는 크다고 본다. 우리 사회의 부정과 부패,

부조리를 인정하고 뿌리 뽑겠다고 선언하면서 대통령의 입으로 '관(官)피아'나 공직 '철밥통' 이란 부끄러운 용어들까지 언급했다. 명연설은 진실과 진솔함이 담길 때 나온다. 진리가 우리를 자유롭게 하는 것이다.

이제 이번 세월호 사고를 계기로 각자가 정의롭지 못했던 과거를 청산하고 "나부터 뒤가 구리지 않은" 사람이 되어 진실이 담긴 발언을 시작하면 사회의 언로가 비로소 트이고 우리나라에도 수시로 명연설이 나오게 될 것이다. 그런 연설을 두고 제자들에게 통역 연습을 시켜보고 싶다.

자니 윤의 제안과 사회의 언로(2013. 6. 9)

약 20여 년 만에 고국에 돌아온 재미 코미디언 자니 윤이 한 말 중 박근혜 대통령의 소위 썰렁 개그를 격려해줘야 한다는 말이 인상적이었다. 그는 우리나라에 남을 배려하는 마음이 부족하기 때문이라고 보았다. 우리나라 사람들, 특히 정치인들의 공개 발언에는 유머가 거의 없다. 여당과 야당의 대변인이 새로 임명될 때마다 "유머가 있는 정치를 하겠다"고 한 약속은 모두 부도 수표가 되어 버렸다. 필자는 이것이 우리나라에 아직 언로가 막혀있기 때문이라고 본다.

오바마 미국 대통령은 작년 3월 방한 직전 김용 다트머스 대총장을 세계은행 총재로 지명하면서 "다섯 살 때 이민 와서 고교 때 반장을 했으며 미식축구 쿼터백을 맡았고 농구팀 포인트 가드를 한 것도 모자라 골프도 핸디가 싱글이라고 한다. 다른 건 몰라도 골프도 싱글이라니 샘이 난다. 세계은행이 그보다 나은 총재를 갖기는 힘들 것"이라는 유머로 미국이 아닌 신흥국에서 총재가 나와야 한다는 국제 사회의 불만을 잠재웠다. 자못 심각해질 수도 있는 인사를 유머로 마무리한 것이다. 우리 대통령이 누구를 요직에 임명하면서 유사한 유머를 구사한다면 반응이 어떨까?

학교에서 통역용 연설을 선별할 때 영어로 된 좋은 연설은 인터넷에 널려있지만 우리말 연설은 턱없이 부족하다. 우리나라가 연설을 즐겨 하고 연설을 중시하는 나라가 아니기 때문이다. 대통령의 연설만 전문 작성가(ghost writer)인 문고 비서관들이 써 수준을 유지하지만 총리 이하 공무원들의 연설은 몇십 년 동안 유치한 수준에 머물러있다. 각 부처마다 신임 사무관들이 예년의 연설을 베끼다시피 작성하기 때문일 것이다.

우리나라는 아직 언로가 트인 사회가 아니다. 아직도 '침묵은 금'이라는 듯 "내가 이 말을 하면 어떻게 될까?" 하면서 말문을 닫는 분위기가 팽배해 있다. 장차관도 연설을 꺼리고, 하고 난 뒤에도 부처 홈페이지에 올리기를 삼간다. 괜한 구설수를 회피하는 까닭이다. 무지막지한 북한의 핵 위협을 이고 살고 있기 때문일까? 자원이 없는 나라에서 인재들 사이 경쟁에 숨이 막혀있기 때문일까?

자니 윤이 지적했듯 이제 대통령의 썰렁 개그부터 격려해 우리나라의 언로를 열자. 그리하여 삭막한 정치판에도 웃음을 심고, 분단국의 삭막한 경쟁 사회에서도 오아시스 같은 시원한 말들로 여유를 찾도록 만들어 보자.

IMF 연례 협의 종결 기자회견 통역
(2011. 7. 12)

6개월을 준비했던 검찰 총장 세계 정상회의를 열흘 앞둔 6월 17일에는 과천 정부 종합청사의 기획재정부 1층 회의실로 갔다. 불과 이틀 전 워싱턴 IMF 본부에서 전화가 와 2011 IMF Clause IV Consultation (우리 말로는 IMF 회원국 연례협의회라 함) 종결 후 기자회견을 순차 통역해달라는 것이었다. "기재부 주변에 제자들이나 후배들이 많을 텐데"라고 했더니 모두 다른 통역이 있어 나한테 부탁하는 것이라고 했다. 얼떨결에 승낙했더니 당장 두 쪽이 넘는 기자회견문을 한국어로 번역해 보내달라고 했다(현재 IMF 웹 페이지에 올라있을 것임). 저녁에 시작한 번역은 네 시간이나 걸렸다. IMF가 다루는 거시 경제 현안들은 문외한인 내게 빨리 이해할 수 있는 쉬운 내용이 아니었다. 배운다는 자세로 번역하다 보니 역시 통역사란 평생 최첨단 시사 문제들을 배워가는 즐거움이 있는 직업임을 새삼 느꼈다.

밤 늦게까지 자료를 보다가 피로해지는 것보다는 푹 자고 통역에 임하자는 자세로 잠자리에 들었고, 그다음날 점심을 먹고 지하철로 과천 청사로 갔다. 도착했더니 IMF 한국담당 과장인 인도 출신 경제학 박사가 재정부에서 검토한 번역문을 i-Pad

로 보여주며 이상이 없는지 물었다. 역시 전문가들이 수정한 문장은 더 유려했고, 특히 그들이 쓰는 용어가 눈에 들어왔다. 그 문장들을 통역에 반영해야 한다는 강박감을 느끼며 단상 오른쪽 끝에 마련된 통역사 자리에 앉았다.

역시 내용은 쉽지 않았다. 거시 경제의 금리, 인플레, 재정적자, 등록금 반값 운동으로 대변되는 대중 복지 요구 등 거시 경제의 굵직한 문제들은 서로 연결되어 이해되기를 기다리고 있었다. 또 금리와 인플레율은 같이 4%대를 오르내리고 있어 숫자가 통역사를 헷갈리게 했다. 첫 질문부터 복잡해 영자지 기자와 재정부 관리들의 도움을 받아가며 약 1시간에 걸친 통역을 끝내고 나니 그때서야 거시 경제의 내용이 이해되는 듯 했다. 재정부 관리들도 모두 영어를 하려 하고 우리말은 가능한 한 하지 않았다. English ruled there also.

통역을 마친 후 재정부 별관에 근무하는 G-20 담당의 제자 2명을 불러 커피를 마셨다. 실물 거시 경제는 그들이 전문이라 아직 이해 못했던 부분을 물어 배웠다. 역시 만족한 통역은 아니었지만 많이 배운 통역이었다. We live and learn....

대구 육상선수권대회 기자회견 통역

(2011. 8. 10)

대구 육상대회 기자회견 동시통역을 위해 오는 23일 한영과 31기 졸업생 2명과 함께 대구로 내려간다. 예상했듯이 대회 기간 중 열리는 육상연맹(IAAF) 총회 영불서 동시통역은 유럽의 IAAF 전속 통역팀에 양보하지 않을 수 없었다. 비용을 IAAF와 대구 조직위가 분담하는 터에 IAAF 통역사들의 텃세에 밀린 것이다. 이 큰 건수를 위해 지난 6월의 IAAF 이사회 3개어 동시통역을 최저 비용으로 했던 보람이 없어 씁쓸했다.

육상 경기 자체의 통역은 각국 선수단이 모두 영어 통역사를 대동하기로 되어있어 수요가 전혀 없다고 볼 수 있다. 다만 스타디움 미디어 센터에서 열리는 메달리스트 기자회견장의 한국 기자단을 위해 영한 동시통역을 해주기로 최종 결정돼 제자 2명과 함께 통역하기로 계약하고 준비를 하고 있다.

동대구역 근처 미디어용 모텔에 묵으면서 스타디움으로 출퇴근하면서 하루 평균 5시간 통역을 한다. 운동화를 포함한 유니폼까지 입고 근무할 예정이고, 24일 IAAF 회장단의 통역은 대구조직위 직원으로 근무하고 있는 29, 30기 졸업생이 하고 그 후 통역은 31기 졸업생들이 저와 함께 선수들을 통역하기 시작해 익숙해지면 나는 빠지고 감독만 주로 할 생각이다. 안식년의 끝자락에서 개강 첫주 강의를 휴강하고 막바지 정열을 불태울 생각이다.

통역 준비는 육상 용어도 중요하지만 여러 신문에 연재되고 있는 관련 기사들을 섭렵하며 대구육상의 분위기에 젖는 것이 더 중요하다. 또 youtube.com에 나오는 우사인 볼트 등 육상 스타들의 인터뷰 동영상을 뒤져보는데 Lightening Bolt는 모든 답변을 "Yes, definitely..."로 시작하는 버릇이 있음만 확실할 뿐 흑인 특유의 큰 입술에서 나오는 발음이 분명하지 않아 걱정이다.

스포츠 통역(2011. 11. 30)

1988년 올림픽 통역 안내 과장을 5년 하고, 평창유치위, 대구 유니버시아드, 한일 월드컵을 통역한 후 2006년 도하 아시아드에 제자 10명을 보내고, 이번 광저우 대회를 16일 통역하고 나니 스포츠 통역을 조금은 정의할 수 있을 것 같다.

1. IOC, FIFA, OCA, IAAF(세계육상연맹)는 그들의 집행부 회의를 위해서는 자체 동시통역사들을 데리고 다닌다. 물론 거기에도 통역사들끼리 치열한 경쟁이 있다.

2. 경기장에서의 통역은 경기 후 기자회견(post-game p/c)이 가장 중요하다. 그 전에 경기 직후 경기장에서 샤워장으로 가는 길의 mixed zone에서 벌어지는 임시 회견은 자국 언론이 모국어로 하는 우선권이 주어지므로 타국 언론은 공식 기자회견에 의존한다.

3. 공식 회견이 중요하고 조직위가 신경을 많이 써야 하는 이유는 통역이 잘 안 돼 기사를 쓰기 힘든 경우 기자들의 불만이 직접 언론에 보도되어 '조직위의 불찰'로 치부되기 때문이다. 그래서 조직위는 고품질의 통역사를 확보하고 이번 광저우의 경우는 기자들에게 '통역평가서'까지 배

부 후 수거해 통역의 품질을 점검하고 다음 통역사 배치에 참고로 했다. 또 통역사 계약을 맡은 PCO의 담당자들은 누가 통역을 얼마나 하는지 판단할 줄 알았다. "eye-contact를 하는 통역사가 훌륭한 통역사"라는 말까지 했다.

4. 스포츠 행사 기자회견의 통역사가 반드시 최고의 회의 동시통역사일 필요는 없다. 그렇게 하려면 예산이 많이 든다. 행사 기간이 길 경우 통역료 외에도 항공료, 호텔 숙박비, 일당 등이 엄청나다. 내가 보기에 통대를 갓 졸업해 현장 경험이 필요한 신참 통역사와 통대 2년생 중 순차 통역을 확실히 할 수 있는 인재가 가장 적합하다. 물론 나 같은 경험자에게 하루쯤의 사전 교육을 받아야 한다. 치열한 시합 직후, 약간의 흥분 상태에서 벌어지는 회견 통역은 스포츠를 좋아하고 약간은 upbeat 한 성격을 가진 사람이 잘 할 수 있다. 다시 말하면 '방방 뜨는' 성격이 좋다.

5. 기간이 긴 스포츠 행사는 특히 최저의 예산으로 최고의 효과(spend less, work more)를 지향해야 한다. 각 스포츠마다 여건과 배경은 모두 다르지만 내년 8월 광저우 옆 센젠, 2015년 우리 광주에서 열리는 대학생들의 유니버시아드 대회는 특히 통대 학생들의 동원이 바람직하다. 내게로 오라, 내가 적은 예산으로 최대의 효과를 보는 길을 알려주리라.

아, 평창동계올림픽!… 막판의 좌절

(2018년 1월 19일)

2010년 11월 중국 광저우 16회 아시안게임이 끝나고 2014년 17회 대회는 인천에서 열리게 되었다. 나는 인천 조직위에서 근무하는 제자에게 내가 도울 수 있는 길을 찾아달라고 했지만 진전이 없었다. 그러나 대회를 2주일 앞둔 2014년 9월 초 조직위의 미디어담당관으로부터 전화가 와 메인프레스센터(MPC)의 기자회견 동시통역을 맡아달라는 반가운 의뢰를 받았다. 예산 부족으로 충분한 대가는 보장되지 않았지만 나는 3명의 제자를 이끌고 2주일 동안 기자회견 통역을 했다. 영어만 통역하면 되는 소규모 임무였기에 어렵지는 않아 아무 문제 없이 끝내고 조직위로부터 감사장까지 받았다.

이제 다음 행사는 2018년 2월의 평창동계올림픽. 2003년 1월에 동계올림픽 유치위원회 자문위원까지 지내 조직위에도 아는 사람이 많았기에 느긋한 마음으로 기회를 기다렸다. 하지만 2014년 조직위원장을 비롯한 간부들이 경질되자 누구와 접촉해야 할지 난감해졌다. 적자 대회에 대한 우려와 함께 숙소 난 등의 보도가 이어지자 연락을 계속하기도 뻘쭘했다. 2016년부터 다시 조직위의 새 간부들을 만나기 시작하면서 조직위에 근무

중인 후배와 제자들로부터 동향을 얻어듣기도 했지만 분위기가 좋지 않았다. 위원장 등이 또 경질되고 난 후 담당국장을 어렵게 만나 "흑자 대회에 기여하려면 통역료도 줄여야 한다. 대회 언어를 영어로 하고 내가 내국인 통역사들 위주로 팀을 꾸려 대처하면 예산을 몇 분의 1로 줄일 수 있다"고 주장하며 구체적 숫자까지 들어 건의서를 제출했지만 돌아온 대답은 "IOC의 권유대로 외국인 수석통역사를 고용해 약 50명의 외국인 통역사 위주로 통역서비스를 하겠다"는 것이었다. 힘이 빠졌다. 국내의 각종 스포츠 행사를 다 통역하고 동계올림픽으로 화룡점정 하겠다는 나의 야무진 꿈이 허무하게 깨지기 시작했다.

이후 촛불집회에 따른 대통령 탄핵과 새 대통령 선출 등의 와중에서 조직위와의 접촉이 뜸했는데 나와 얘기하던 실무진까지 바뀌었다는 소식을 듣고 2018년 초 다시 알아보니 "IOC 측 통역사들과 최근까지 보강된 조직위 자체 통역사들로 해결하고 외부 통역사 초빙은 없다"는 최후통첩이 왔다. 나의 경력과 업적을 아는 선후배들이 모두 안타까워하고, 세상일이 다 그런 것이라고 자위했지만 실망감으로 밤잠을 설치는 시간을 보내야 했다. 끝으로 IOC 수석통역사와 만나볼까 생각도 했지만 "선비는 아무리 추워도 곁 불을 쬐지 않는다"라는 말이 생각나 그만두었다. 한 가지 분명한 것은 이제 정년을 코앞에 둔 나의 시대가 끝나고 있다는 것. 이제 남은 바람은 북한이 참여하는 평창대회가 나 없이도 대성공을 거두어 위대한 유산을 남겨주는 것뿐이다. 40년이 가깝도록 국내 스포츠 대회 통역을 섭렵하려던 나의 희망은 개인적 욕심일 뿐이었음을 인정하려 지금도 애쓰고 있다.

<곽중철의 통역강의록>를 펴내며 (2012. 2. 14)

유난히도 궂은 날이 많았던 지난 겨울을 뒤로하고 봄 날씨를 느끼는 가운데 지난 몇 달 추위 속에 끄적였던 책이 출판되었다. 나이가 듦에 따라 겨울과 여름의 궂은 날씨가 점점 더 견디기 어려운데 새 봄과 함께 저서가 인쇄되니 우울증이 한결 가벼워진다.

책을 쓸 때는 해야할 말이 너무 많아 무엇을 먼저 쓰고 무엇을 얼마나 써야 할까 막막했지만 막상 인쇄된 책을 보니 마음이 놓인다. 학교 출판부도 편집과 책을 제작하는 능력이 많이 늘었다. 그들의 노고에 감사한다. 책에 뭔가 미진한 것이 있지만 그것은 저자의 탓이다.

13년 전 강의를 시작할 때 그 전 20년의 통역 경험에 바탕한 통역 입문서를 미친 듯 써 내려가 <통역 101>, <통역사 만들기>라는 책을 낸 바 있다. 두 책이 학부생에게는 너무 어렵다는 평가가 있어 <학부생을 위한 통역>이라는 제하에 쉽게 써보려했는데 여의치 않았다. 왜냐하면 통역이란 것이 애시당초 아무 학부생이라도 할 수 있는 쉬운 것이 아니었기 때문이다.

학교에 온 후 박사 학위 공부와 함께 소논문도 쓰면서 교수로서 사회의 각종 통역 용역에 참여하다보니 다시 느끼는게 많았다. 후배 학생들의 실력은 더 좋아지지 않는 가운데 특히 <통역은 어려운 것이니 더 진지하게 공부하라>는 말을 아무리 강조해도 먹혀들지 않을 때가 가장 힘들었다. 졸업 후 첫 통역을 하게 되는 순간에서야 내 얼굴과 말이 생각나고 "더 열심히 할걸" 후회하게 될 것이다.

<곽중철 어록>이라고 회자되는 말들과 강의 내용을 다시 집대성하기 위해 노력했는데 과연 얼마나 제자들의 이해와 호응을 받을지 모르겠다. 이제 정년을 6년가량 앞두고 있으니 그 전에 후진들에게 남기고 갈 책을 하나 더 만들 수 있을지 모르겠다. 그 책에는 <통역은 미친 짓이다>, <어려우니까 통역이다>, <나는 통역사가 된 것을 후회한다>, 혹은 <통역사의 물건> 같은 베스트 셀러의 제목을 흉내내 붙여볼까나...?

국격 좌우하는 통번역

한·미 정상 망신시킨 미국 통역사
(2006. 10. 10, 중앙일보)

미국 최고위 관리들의 영어 발언이 한국어로 잘 통역되지 않은 것은 어제 오늘의 일이 아니다. 지난해 7월 방한한 콘돌리자 라이스 미 국무장관이 반기문 외교통상부 장관과 회담한 뒤 한 기자회견에서 미국에서 데려온 여성 통역사가 팔레스타인 '당국(authorities)'이라는 말을 '권위'로, '비핵화 선언'을 '비핵화 동맹'으로 옮기자 기자단에 동요가 일어났다. 게다가 라이스 장관의 발언을 다 옮기지 않거나 중요한 부분을 누락하자 많은 신문이 이를 기사화했다. 지난달 14일 워싱턴을 방문한 노무현 대통령이 백악관에서 기자회견을 했을 때 새로 고용된 미국 측 남성 통역사도 나을 것이 없었다. 금방 눈치챌 수 있는 오역이 없어 기사화되지는 않았지만 녹화 테이프를 자세히 들어보면 조지 W 부시 대통령의 말 가운데 제대로 통역된 게 거의 없었다. 몇 가지만 보면 우선 "한, 미관계는 강하고도 매우 중요한 관계"라는 첫 발언을 "강력한 … 그런 관계"라고 얼버무렸다. 제일 심각한 것은 "부시가 미국이 한반도 안보에 변함없는 의지를 갖고 있다(committed)"는 메시지를 전했지만 "미국 정부는 한반도의 안보에 책임을 여전히 지고 있다"는 메시지로 전달된 점이다. 큰 오해를 불러일으켰을 수도 있는 오역이었다. 이어서 "전시 작전 통제권 이양 시기 문제를 잘 해결하라고 럼즈펠드 국방장관에게 당부했다"는 말은 "미국 국방장관과 한국의 상대가 적절한 날짜를 잡기로 결정했다"고 통역됐다. 전작권 관련 발언이 그렇게 느슨하게 전달돼서는 안 됐다. 또 저 기자가 "노 대통령께도 질문했느냐"는 부시의 질문을 통역은 "질문에 대한 답변이 되었느냐"고 전했다. 이에 노 대통령은 부시에게 "대답을 잘하셨습니다"라고 했고, 한국 측 통역은 이를 영어로 통역했다. 부시는 얼떨결에 "다른 사람들도 모두 그렇게 생각해 주면 좋겠다"고까지 나갔다. 외국인 기자들이 이런 어색한 장면에 와-하고 웃어버렸으니 두 정상이 망신을 당했다고도 볼 수 있다. '평화적 해결을 바라는 5개국'을 '평화적 동맹의 5개국', '핵무장 국가의 위협 인식'을 '핵무기 확인', '김정일이 핵무기 계획을 포기하면 더 좋은 길이 있다는 것'을 '제(부시)가 하는 것이 최선의 방법'이라고 엉뚱하게 옮겼다. 심지어 '6자 회담을 통해 북한에 전달한 메시지'는 '6자 회담을 통해 해결해야 한다'는 메시지로 둔갑했다. 지난해 라이스 장관 발언의 오역 후 우리 외교부에서 미국의 통역은 영원한 숙제라고 토로했지만, 문제는 미국 정부가 통역 문제를 심각하게 여기지 않는 데 있다. 미국 제일주의, 영어 제일주의에서 나온 무심함을 버리지 않는 한 오역은 계속될 것이다. 미국 내에서 실력과 경험을 겸비한 한국 출신 미국 시민권자를 찾지 못한다면 관례를 깨고 차라리 주한 미국 대사관에서 통역사로 근무하는 통역대학원 출신들에게 통역을 시켜야 비로소 문제가 해결될 것이다.

⊙ 이 기고문은 주한미국대사관에서 영어로 번역되어 미 국무부에 보고되었고, 이후 한미 정상회담의 통역에서 오역이 줄어든 계기를 제공했다.

언론의 오역 불감증(2015. 11. 17)

국민의 알 권리를 위해, 전 국민을 상대로 하는 방송과 신문 등 언론 보도에서 오역 사례가 끊이지 않고 있다. 그런 예가 너무 많아 국민들은 미처 알아차리지 못하고 지나가고 있다. 지난 10월 26일, WHO의 발암 물질 분류 발표를 두고 국내의 모 뉴스 통신사가 고기 섭취로 인한 암 사망자가 년 3만 4천 명이라고 보도했고 이를 다시 중앙일간지 등 10여 개 언론사가 그대로 받아썼다. WHO의 원문에는 가공육(processed meat)으로 인한 암 사망자가 3만 4천 명으로 표기돼 있었다. 우리 언론 전체가 크게 어렵지도 않은 '가공육'이라는 영어에 걸려 넘어진 것이다.

9월 초 한중 정상회담 보도에도 중국의 정상이 "한-중 관계는 역대 최상"이라고 했다고 보도했지만 그의 발언에 '역대 최상'이라는 말은 아예 없었다. 또 최근 모 TV 뉴스가 중국 관광객들이 해외여행 중 행태를 보도하면서 일본인 점원의 인터뷰를 오역했다. 2008년 광우병 파동 때는 모 방송사 프로그램에서 외국인 인터뷰를 잘못 번역해 큰 논란이 일었고 임시 고용된 미국 동포 번역사가 희생양이 될 뻔했다. 마치 안전사고가 날 때마다 우리 사회의 안전 불감증을 탓하지만 곧 다른 안전

사고가 일어나듯 오역을 방치하는 '오역 불감증'이 만연하고 있는 것이다.

뉴스와 다큐, 시사 프로그램 등에서 반복되고 있는 오역의 원인은 한 마디로 우리 사회의 외국어 수준이 아직 낮은데 이를 보강할 수 있는 인력과 체계를 갖추지 못하기 때문이다. 이런 체계는 우선 보도 자료를 제공하는 공기관부터 갖춰야 한다. 한중 정상회담의 경우 청와대는 당초 잘못된 번역본은 언론 지원업무 인력이 제공한 것이지 청와대가 직접 배포한 자료는 아니라는 입장이었다. 그러나 그런 인력을 배치하고 비공식 번역을 방치한 책임은 1차적으로 청와대에 있다.

2011년 초 한-EU FTA 협정문 영한 번역에 많은 오역이 드러났을 때 외교부는 인턴들이 번역했다고 해명했고, 외교부 안에 번역 전담 부서를 만들자는 얘기가 나오다가 유야무야됐다. 아직까지 외교부 내에 그런 부서가 만들어졌다는 얘기는 듣지 못했다. 당시 국회에서도 간담회가 열려 공공 번역을 전담하는 기구를 만들어야 한다는 주장까지 나왔지만 국회의 한건주의, 치고 빠지기에 그쳤다. 그로부터 4년이 넘었는데 상황은 크게 나아진 게 없다.

2차적 책임은 공기관의 오역을 확인 없이 덜컥 보도하는 언론사에 있다. 외교적 언사나 발언은 최대한 중립적으로 표현된다는 점을 인식해 특종 욕심이나 아전인수 격 해석 혹은 극단적인 보도는 자제해야 한다. 특히 역대 최고라든가 "어느 때보다 좋다"는 최상급 표현에는 꼭 확인이 필요하다. 언론은 불특정 다수 국민에게 보도를 하고, 그 영향이 사회 전반 뿐 아니라 국제 관계까지 미치기 때문에 한 개인이나 조직의 오역에 비교할 수 없는 충격과 부작용을 야기한다. 그러나 언론의 탓인 만큼 언론이 크게 보도하지 않아 문제는 다시 묻혀버릴 가능성이 크다.

언론사 쪽을 보면 영자 신문과 영어 방송을 제외한 국내 언론사 기자들의 외국어 수준은 높지 않다. 2010년 11월 서울 G20 정상회의 폐막 기자회견에서 오바마 대통령이 주최국 한국의 기자들에게 질문하라고 권유했지만 결국 중국기자가 대신 영어로 질문한 안타까운 추억도 우리 기자들의 외국어 실력을 보여준다. 이는 기자들의 잘못이 아니라 수능 시험의 영어가 캠브리지 학생도 못 풀 정도로 왜곡된 우리 외국어 교육의 구조적인 병폐다. 모국어 전문가인 기자들이 외국어에 조예가 깊지 않음은 당연하므로 이를 보강해줄 체계를 갖춰야 한다. 신속 보도, 특종 보도를 위해 아전인수 격으로 해석해 오보를 내는 악순환의 고리를 끊어야 한다.

공기관이나 언론이나 불경기에 예산이 부족하면 가장 먼저 감축하는 것이 외국어 인력이고 통번역 예산이다. 모 뉴스 채널에도 전문 통역사들이 만들었던 위성 통역실이라는 프로그램이 약 5년 전 완전히 폐지되었다. 방송사에 영어를 잘하는 젊은 기자가 보이다가도 슬그머니 사라지는 경우가 많다. 외신을 강 건너 불로 보는 인식 때문이기도 하지만 평시에 우환을 대비하는 체계를 갖출 여유가 없는 것이다. 기자들도 평소에는 외국어를 쓰지 않지만 갑자기 외국어 지식이 필요한 상황에 대비해야 한다. 기자를 선발할 때도 외국어 능력을 중시하고, 그런 인력을 우대해야 한다.

거창하게 들릴지 모르지만 정부는 지금이라도 공공 통번역을 전담하는 조직을 만들어야 한다. 공무원 수를 늘리라는 말이 아니라 정부는 감독만 하고, 소수 정예의 민간 전문가들이 운영하는 조직 말이다. 일정한 시험을 통해 선발된 유자격자들의 통번역사 풀을 만들어 놓고, 일이 있을 때 국가를 위해 정해진 보수를 받고 봉사하는 인력을 효율적으로 운영하면 될 것이다. 처음에는 어느 정도 예산과 인력이 필요하겠지만 일단 궤도에 오르면 그 가치를 충분히 발휘할 것이다. 오역 불감증은 방치하면 불치병이 될지도 모른다.

대통령의 외국어 실력(2013. 3. 5)

박근혜 대통령은 한국어를 포함해 5개 국어를 구사하는 걸로 알려져 있고 자서전에서 "영어·불어·스페인어·중국어를 할 수 있다"고 썼다. 최근 청와대 대변인은 "박 대통령이 해외 인사들을 접견하면서 수준 높은 외국어 실력을 과시했다"며 박 대통령의 영어 실력을 자세히 브리핑했다고 한다.

필자는 수년 전부터 "한국에서 태어난 한국인이 2개 외국어 이상을 수준 이상으로 구사하기는 불가능하다"라고 주장해 왔다. 필자의 경우 대학에서 영어를 전공하고 고교 때부터 제2외국어로 공부한 불어 실력으로 1980년 첫 해외여행으로 파리에 유학해보니 4개월 동안 불어가 들리지도 않았다. 파리 통역학교에서 불어를 영어로 통역하는 공부를 주로 했는데 영어와 불어를 함께 공부하느라 엄청 고생을 했다. 3년 동안 외국어만 공부한 결과 졸업 시험을 통과하고 영어와 불어를 거의 비슷한 수준으로 구사하게 되었지만 불어는 자주 쓸 기회가 없어 이제는 불어에 자신이 없어진 상태다.

5개 국어를 할 수 있다는 말과 5개 국어를 모두 잘 할 수 있다는 말은 다르다. 5개 국어를 다 잘 할 수 있다는 말은 어찌 보면 5개의 악기를 모두 수준급으로 연주할 수 있다는 말과 같다.

언론에서 인물평을 하면서 4-5개 국어를 구사한다고 쉽게 쓰는 것은 그 보도를 하는 기자의 외국어 관련 조예가 깊지 못한 데서 온다고 본다. 박 대통령의 외국어 실력을 브리핑한 청와대 대변인은 과연 외국어에 얼마만한 조예가 있는지 모르겠다.

물론 박 대통령은 여러 가지 면에서 보통 사람과는 다를 것이다. 양친을 비극적으로 잃고, 미혼 상태로 혼자 살면서 외국어 공부에 할애하는 시간도 보통 사람들보다는 길었을 수 있다. 고독 속에서 외국어 학습에 비상한 열의와 정력을 투자했을 수도 있다. 그렇다고 해서 대변인이 "우리 대통령은 외국어도 4개를 수준 있게 구사한다"라고 자랑하는 것은 바람직하지 못하다. 이제 대통령이 되었으니 외국어보다는 더 많은 시간과 정열을 쏟아야 할 국가 대사가 부지기수이기 때문이다. 더 이상 스페인어나 중국어를 잘 하려고 노력할 여유가 없을 것이기 때문이다.

그래도 염려할 필요가 없다. 훌륭한 통역사들이 많기 때문이다. 현재 영어 통역을 담당하는 외교부 직원도 이미 김대중·노무현 대통령을 통역한 베테랑으로 실력을 검증받아 대통령이 직접 영어로 하는 것보다 수준 높은 통역을 할 수 있다. 불어, 중국어, 스페인어도 외교부에 통역대학원을 나온 자원이 많이 있어 10년 전과는 다르다.

대통령뿐 아니라 장·차관 등 고위 관리들도 그 바쁜 공무 중에 외국어 공부에 매달리기보다는 검증된 통역사를 쓰는 게 낫다. 국민들도 그것을 원할 것이다. 더 이상 '외국어 실력'을 고위 관리의 능력이나 자랑거리로 삼는 브리핑은 없었으면 한다. 그보다는 작년의 FTA 오역 사태, 모 스포츠 협회의 엉터리 영어 이메일 등의 어처구니없는 해프닝이 반복되지 않도록 국가의 통번역 업무를 차질 없이 전담할 가칭 국가번역원 설립을 추진할 때다. 지난 25일 취임사의 공식 영역본에도 오역이 있었던 만큼 외국어란 어려운 것이다. 통번역을 할 공무원 수를 늘리자는 게 아니라 국가의 인증 시험을 거친 민간인 전문 통번역사의 인력 풀을 운용하자는 얘기다.

국격 갉아먹는 통·번역 오류(2011. 5. 4, 한국경제신문)

우리나라가 올해 주최하는 국제 행사 중 가장 큰 것은 6월 말의 세계 검사연맹총회(IAP) 겸 검찰 정상회의(WS)와 8월 말의 대구 세계 육상선수권대회다. 특히 IAP·WS는 유엔의 공식 언어 6개에 우리말을 더한 7개 국어로 동시통역을 하게 되는 중요한 행사이다.

국제 행사에서 원활한 통번역 서비스를 제공하는 것은 행사의 격을 한 단계 끌어올리는 일이다. 반대로 국제 행사 준비에 아무리 많은 투자를 해도 통역이 잘 되지 않으면 회의 전체 평가는 낮아진다. 때로는 치명적인 오류가 나올 수도 있는데, 최근의 한·유럽연합(EU) 자유무역협정(FTA) 협정문 오역 소동도 평소 번역에 관심을 가지고 적절한 투자를 하지 않았기 때문이다.

흔히들 국제회의 통역을 의뢰하는 이들은 통역사들이 그 많고 어려운 전문용어를 어떻게 알지 염려한다. 물론 전문 용어는 어렵고 복잡할 때도 있지만 전문 통역사란 단기간에 그런 용어들을 이해하고 활용하는 능력과 경험을 가진 사람들이다. 훌륭한 통역의 관건은 그런 용어 자체가 아니라 회의 내용을 이해하는 능력과 그 내용을 다른 언어로 옮겨 전달할 수 있는 기초 언어 및 소통 능력의 유무이다.

그런데 최근 세계에서는 3개 언어 이상이 쓰이는 다국어 국제 회의는 점점 줄어들고 있는 추세다. 영어가 국제 공용어가 돼 많은 행사가 영어라는 단일 언어로 진행되는 경우가 늘고 있기 때문이다. 우리나라도 마찬가지이지만 세계적으로 영어를 하는 사람이 많아지면서 통역의 필요성이 적어지고 궁극적으로 통역이란 직업도 사라질 수 있다는 주장까지 나오는 실정이다.

몇 년 전부터 통번역대학원 지원자들 사이에 "통역이 없어지는 마당에 통번역대학원에 장래가 있나?"라는 질문이 나오는 것도 그런 연장선상에 있다. 하지만 로봇이 한정된 기능을 완벽히 수행할 수는 있어도 인간을 완전히 대신할 수는 없듯이 통역도 마찬가지이다. 설령 아무리 탁월한 통역기가 나온다 해도 한정된 분야나 일정한 어역은 몰라도 변화무쌍하고 미묘한 인간의 마음을 표현하는 말을 온전히 옮기는 일은 결국 통역사의 몫이다.

그런 점에서 모국어와 외국어에 대한 깊이 있는 이해와 풍부한 표현 능력을 갖춘 우수한 통번역사를 양성하는 일은 지속적으로 확대돼야 할 것이다. 인터넷 시대에 통역에 가장 중요한 모국어보다 영어 교육이 우선시되고, 우리말의 근원이 되는 한자도 제대로 가르치지 않아 그런지 몰라도 우수한 통번역 인재가 점점 더 줄어드는 것 같아 안타깝다. 우리 정부 외교 문서의 한국어 번역 실수도 영어 중시, 모국어 경시 풍조 때문에 일어난 일이라 해도 과언이 아닐 것이다.

훌륭한 통번역으로 세계와 소통의 다리를 놓는 것은 국격을 높이는 일이다. 통번역은 언어·문화적 능력 외에 진정으로 손님을 위하는 주인의 마음가짐을 필요로 한다. 대구 세계 육상선수권대회 같은 스포츠 행사에서 스포츠 기구의 회의 동시통역이야 전문가들한테 맡기면 되지만 각국 선수와 임원, 외국 관광객들의 통역의 경우 더 그렇다. 특히 통역 자원 봉사자는 많을수록 좋긴 하겠지만 그 이상의 것이 필요하다. 언어 능력이 다소 떨어지더라도 진정으로 손님들을 위하는 마음이 있으면 손짓 발짓으로라도 그들을 감동시킬 수 있으며 그런 태도가 더 오래 기억에 남을 것이다.

그런 점에서 2014년 인천 아시안게임, 2015년 광주 유니버시아드, 아직은 확정되지 않았지만 2018년의 평창 동계올림픽 대회를 준비하면서 회의 동시통역을 포함해 최소 인원으로 최대의 효과를 거두는 길을 찾아야 한다. 그것은 가능하다. 1988년 서울올림픽 이후 수많은 스포츠 행사를 주최한 우리나라 국민들은 이제 외국인을 두려워하지 않고 좀 모자라는 영어로나마 웃으며 안내할 수 있는 능력을 갖췄기 때문이다.

언론의 '영어실력' 보도(2009. 4. 3)

최근 세계 피겨선수권대회에서 우승한 김연아 선수는 수상 후 가진 외신과의 인터뷰에서 유창한 영어 실력을 보여 또 다른 칭찬을 받았다. 일부 신문은 연아의 '영어 교사'가 엄마 박미희(52)씨로, 박 씨는 딸이 어릴 때부터 하루 3~4시간씩 차에 태우고 훈련장을 오가는 시간에 영어 테이프를 끊임없이 듣도록 했다고 보도했다. 과연 그럴까? 그렇다면 역시 영어 인터뷰를 거뜬히 해내는 축구의 박지성, 골프의 박세리와 최경주, 수영의 박태환 등 모두가 엄마 덕에 영어 테이프를 들었을까? 그들의 공통점은 '엄마의 정성'이 아니라 바로 자신의 분야에서 경지에 오른 데서 나오는 자신감이다.

여기서 우리는 영어 학습의 비결 중 하나를 찾아낼 수 있다. 영어를 배우려고 조기 유학을 가기보다는 자기 전문 분야에 대한 실력을 길러야 한다는 것이다. 말이란 모국어든 외국어든 그 내용(컨텐츠)이 중요하다. 표현할 내용만 확실하면 말은 어떻게든 흘러나온다. 말이 안 되는 사람은 할 말이 없거나 무슨 말을 해야 할지 모를 뿐이다.

필자가 보기에 우리 언론이 서투르게 보도하는 이슈 중 하나가 특정인의 '영어 실력'에 관한 것이다. 최근 모 대학을 수석 졸업한 여학생을 두고 "외국어에도 능통해 4개 국어를 능숙하게 구사한다"고 했다. 이 말은 피아니스트가 바이올린, 비올라, 첼로를 다 연주한다고 하는 것과 같다. 축구 선수가 야구, 수영, 핸드볼도 잘 한다는 말이다. 그럴 수가 없는 일이다. 국제 스포츠 경기에서 우승한 우리 선수가 외국 언론과 영어로 인터뷰하면 "완벽한 영어를 구사했다"고 보도하기 마련인데 실제로 녹음된 테이프를 들어 보면 그냥 무난히 의사 전달하는 수준이다. "오늘 컨디션이 어땠고, 무엇이 쉬웠고 어려웠으며 앞으로 더 잘하겠다. 감사하다"라는 말 뿐인데 무엇이 크게 어려울까? 그런데 왜 자꾸 그런 과장 보도가 나오는 걸까? 감히 말하자면 기자들이 외국어에 조예가 깊지 못하기 때문이다. 대부분 기자들은 모국어로 기사를 쓰는 직업을 가진 사람들이다.

최근 미국 대사로 떠난 한덕수 전 총리의 경우 스스로 일찌감치 "영어 잘하는 사람이 얼마나 많은데, 나서기가 곤란하다"라고 했는데도 그의 하마평에는 영어가 완벽하고, 양복 주머니에는 최신 영어 표현을 적어 놓고 시간이 날 때마다 꺼내 보는 수첩이 있을 정도로 노력한다는 에피소드가 빠지지 않는다. 총리까지 지낸 사람이 국사에 바쁠 텐데 작은 영어 공부에 매달리는 모습을 국민들이 좋아할까?

세계를 제패하는 우리의 골프, 축구, 수영, 스케이트 선수들이 운동 실력만큼 영어에서도 '완벽'하지는 않다. 우승컵을 받고 몇 마디 하는 영어가 조기 영어 교육에 지친 학생과 부모가 열등감을 느끼며 부러워할 수준은 아니다. 반대로 우리 언론은 히딩크, 본프레레, 아드보카트, 베어백 등 네델란드 출신 우리 축구팀 감독들의 엉터리 영어는 한 번도 비판한 적이 없다. 그들이 우리 땅에서 높은 연봉을 챙긴 것은 그들의 영어 실력이 아니라 축구 지도 실력 덕분이었다.

작년 4월 말 미국을 방문한 이명박 대통령이 부시 대통령 부부와 거침없이 영어로 대화를 나누는 모습을 TV로 보면서 정상 간의 사적인 대화 정도는 일일이 통역에 의존하지 않고 거뜬히 직접 영어로 할 수 있는 대통령이 나왔다는 자부심을 느꼈다. 그래서 필자는 '우리 대통령이 대기업 CEO 출신답게 자신감을 바탕으로 영어로 소통했고, 그것이 바로 영어를 잘할 수 있는 비결'이라고 했던 것이다.

그러나 대부분의 국민은 그렇게 느끼지 않았다는 사실을 깨달은 것은 대통령의 귀국 직후부터 전국을 뒤흔든 미국 소고기 수입 반대 촛불 시위를 지켜보면서였다. 국민들은 대통령의 영어 실력이 국익 증진에 기여했다고 보기보다는 '국민 몰래 미국과 내통'하는데 쓰였다고 보고 있는지 모른다는 생각이 들었던 것이다.

조종거리 '외래어 표기법' 손질해야

(2017. 7. 4, 조선일보)

지난달 30일 연재를 시작한 조선일보의 새 코너 〈조화유의 한국영어&미국영어〉를 읽었다. 첫 회 제목은 'Joseph이 어떻게 조지프인가?'였다. 조화유 씨는 우리의 외래어 표기가 현실과 동떨어진 가장 큰 이유로 국립 국어원의 외래어 표기 규칙과 정부 언론 외래어심의 공동위원회(외래어심의 공동위)가 정한 표기 원칙이 잘못되었기 때문이라고 지적하고 있다. 그렇다. 우리는 거의 모든 외국어를 원음에 가깝게 발음하고 쓸 수 있는데도 아주 엉뚱한 방식으로 적고 있다.

나는 외래어심의 공동위와 국립 국어원, 그리고 언론이 일반인이 가장 쉽게 발음할 수 있도록 지나치게 배려한 결과 아닌가 생각한다. 쌤슨(Samson)보다 '삼손', 딜라일라(Delilah)보다 '데리라'라고 쓰면 원음과 큰 차이는 있지만 얼마나 쉬운가? 쌤슨이나 딜라일라는 영어를 모르는 일반 국민이 발음하기에는 어려우니 이를 어엿비 여겨 '삼손' '데리라'로 쓰자고 한 것 아닐까.

외래어 표기 용례집이 마지막으로 나온 것이 1995년이니 20년이 넘었다. 국민의 외국어 실력도 많이 향상되었으니 재손질할 때가 되었다. 언론도 불합리한 결정에 무조건 따르지 말고 이의를 제기해 공기(公器) 역할을 해주기 바란다. 그래야 세계에서 가장 과학적 문자를 가진 우리 국민의 외국어 실력 향상도 가속도를 낼 것이다.

오역(誤譯) 논란, 힘 없는 번역사 탓할 일 아니다(2008. 7. 4, 조선일보)

정부가 동물성 사료 금지 완화 조치를 담은 미국 연방 관보 내용을 오역(誤譯)했다는 보도가 나온 얼마 후 MBC PD수첩은 지난 4월 방영분에 담긴 번역의 경우 또박또박 제대로 번역하지 않았거나 의역을 해서 오해의 여지를 남겼다고 해명해 오역 논란이 계속되고 있다.

지난 정부 때 미국 측 통역사들의 통역이 시원찮아 말썽이 끊이지 않았던 것과 달리 이번 정부 들어서는 우리 측의 번역이 잇달아 문제가 되고 있다. 미국 측 통역의 경우 통역의 중요성과 그 메커니즘을 간과하고 전문 통역사를 확보하지 못한 미국 정부에 원초적 책임이 있다면 이번 국내 번역의 경우는 번역사의 자질보다는 그들을 쓰는 사용자인 한국 정부와 방송사가 번역물을 잘못 처리한 책임이 있다.

통역사와 달리 번역사는 전문 대학원의 교육을 거치지 않고 생업에 종사하는 사람이 더 많다. 번역사들 개개인의 능력과 관계없이 번역을 의뢰하는 고객들의 주문은 한결같다. 시간이 촉박하니 최대한 빨리 번역해 달라. 번역료는 규정상 많이 줄 수 없다.

이제 이런 관행은 사라져야 한다. 다른 직종과 마찬가지로 번역이라는 직능도 대우와 보수에 비례해 그 중요성이 가늠되고 그에 따른 책임을 물어야 한다. 미국 연방 관보 내용이나 광우병에 대한 해외 취재 내용 등 중요한 내용을 번역할 때는 힘 없는 번역사의 번역을 그대로 인용할 게 아니라 전문가의 철저한 감수나 변호사의 자문을 거쳐야 한다. 더구나 번역사의 번역을 사용자의 의도에 맞춰 맘대로 고쳐 썼다면 더더욱 번역사에게 책임을 물을 수 없다. 그것은 번역사를 희생양으로 삼으려는 비겁한 책임 회피 행위다.

번역은 반역(叛逆)이라는 말이 있듯이 정확하고 말썽 없는 번역은 힘들다. 정부든 민간이든 지금부터라도 번역에 대한 올바른 인식과 그 중요성에 크게 눈떠야 한다.

美北 정상회담 성공은 두 명의 입에 달렸다

(2018. 04. 30~05. 06 주간조선)

4월 27일 판문점의 역사적인 남북한 정상회담 후에는 사상 최초의 미·북 정상회담이 열리게 되어 있다. 이 역사적 만남에는 분명히 김정은이 쓰는 한국어와 트럼프 대통령의 영어 사이의 통역이 필요하다. 우선 이 통역은 동시가 아닌 순차 통역이 될 가능성이 높다. 즉 양측의 통역사가 통역 부스에서 동시통역을 하는 것이 아니라 마주 앉은 두 정상의 곁에서 한마디 한마디 순차적으로 통역을 하게 될 것이다. 사상 최초의 양국 정상회담이고 '북한의 비핵화'라는 무겁고 중차대한 주제를 다루게 되므로 한마디 한마디 확인을 하면서 회담이 진행되어야 하기 때문이다. 회담이 순조로이 끝나 양측이 기자회견을 하게 된다면 동시통역을 할 수도 있다.

외교 관례상 트럼프 대통령의 영어 발언은 미국 측 통역사가 한국어로 통역하고 김정은의 한국어 발언은 북한 측 통역사가 영어로 통역할 것으로 보인다. 미국 측에서는 2009년부터 국무부 소속으로 미국 대통령들을 통역해온 미국 시민권자이자 베테랑 중년 여성 통역사인 이연향 씨가 맡을 것이다. 북한 측도 김정은 전속 영어통역사가 있을 텐데 전문통역 훈련을 받지는 않았겠지만 북한식 외국어 훈련을 받은 북한 최고의 남성 통역사일 가능성이 크다. 다만 그가 전문적인 훈련이 필요한 동시통역까지 할 수 있을지는 자신할 수 없다.

10년에 가까운 세월 동안 정상회담의 통역을 맡아온 미국 측 통역 이연향 씨가 맞닥뜨릴 문제는 김정은이 쓸 북한 말을 완벽히 이해할 수 있느냐가 될 것이다. 김정은의 북한식 한국어를 직접 영어로 통역할 일은 없지만, 북한 측 영어 통역이 정확한지를 어느 정도는 판단을 내릴 수 있어야 트럼프 대통령의 적절한 대응을 유도할 수 있기 때문이다. 그녀는 남한의 역대 대통령은 많이 통역했지만 북한의 통치자를 통역하기는 처음이다. 북한 말의 억양과 여러 용어가 생경하게 다가오면 순발력 있게 대처해야 한다. 북한 측 통역이 정확하지 못하면 트럼프에게 살짝 귀띔할 수도 있어야 한다. 트럼프는 "수가 틀리면 회담장을 떠나겠다"고 했으니 그 이유가 오역이어서는 절대 안 되기 때문이다.

최근 폼페이오 국무장관 내정자가 북한을 비밀리에 방문해 김정은을 만났을 때는 북한의 통역사가 양측을 모두 통역했을 가능성이 크다. 극비방문이었지만 폼페이오 내정자가 통역사를 대동했다면 이연향 씨가 아닌 주한 미국대사관의 전속 여성 통역사가 수행했을 가능성이 높다. 그녀는 2009년 클린턴 전 대통령이 방북해 김정일을 만났을 때도 수행 통역을 했다. 그때 찍힌 기념사진이 아직 인터넷에 남아 있기도 하다. 그녀는 필자의 제자이지만 당시 북한에서 통역할 때의 '추억'은 스승에게도 일절 알려주지 않았다.

필자가 2010년 중국 광저우 아시안게임 도중 북한 체육계 인사들의 기자회견 통역을 했을 때도 순차 통역을 했기 때문에 남한과는 조금 다른 북한 말을 이해하는 데 큰 어려움은 없었다. 다만 북한 사람들은 '북한'이라는 호칭을 크게 싫어해 '조선'으로 불러 달라고 공공연히 요구하면서 우리 보고는 '남조선'이라고 불렀다. 자신들을 영어로는 'DPRK'로 불러주길 원했다. 따라서 이번 미·북 정상회담에서 트럼프 대통령은 북한을 'DPRK', 남한을 'ROK'라고 통일해 지칭하고 이연향 통역사가 이를 받아 약칭으로 '조선'과 '한국'으로 통역하면 북한 측도 이의를 제기하지 않을 것이다.

2001년 3월 8일 미국의 신임 대통령 조지 W. 부시와 김대중 대통령과의 첫 정상회담이 있던 날, 평소에는 보기 드문 통역 관련 기사가 국내 언론에 실렸다. '한·미 정상회담 통역 혼선'이라는 제목의 이 기사는 미국 측 백악관 통역관의 실수를 지적하는 내용이었다.

김대중 대통령과 조지 W. 부시 미국 대통령이 8일 새벽(한국 시각) 한·미 정상회담을 가진 뒤 회담 결과를 공동기자회견을 통해 발표하는 과정에서 미국 측 통역관이 부시 대통령의 대북정책과 관련한 발언을 일부 통역하지 않아 한때 혼선이 빚어졌다. 논란은 백악관 통역관이 부시 대통령의 모두 발언을 통역하면서 "북한의 지도자에 대해 약간의 회의(some skepticism)를 가지고 있다"는 발언을 소개한 뒤 부시 대통령의 후속 발언을 불명확하게 전달한 데서 비롯됐다.

한국계 K 씨가 맡은 백악관 통역은 "그것이 우리가 공동의 목표를 추구하는 데 있어 장애가 되지 않을 것이라는 점을 명확히 했다"는 부시 대통령의 후속 발언을 우리말로 통역하면서 "우리는 공동의 목표를 갖고 한반도 평화정착을 위해 노력하기로 했다"는 식으로 본래 의미에 충실하지 않게 통역한 것이다. 이 때문에 양국 정상이 대북정책을 놓고 '상당한 수준'의 이견을 보인 것이 아니냐는 해석이 대두됐고 기자회견장이 술렁거리기도 했다.

필자는 이 기사를 본 순간 바로 사건의 발단을 알아챌 수 있었다. 당시 실수한 백악관 통역관 K 씨는 필자도 이미 알고 있던 분이었다. 그때만 해도 10년 이상 미 국무부에서 한국어 통역을 도맡아 담당했던 K 씨는 그때 벌써 나이가 60세를 넘긴 상태였다. 필자도 '미국 측 한국어 통역 담당'으로 일하던 K 씨와는 1990년대 초 노태우 대통령 당시 짝을 이뤄 청와대에서, 또 백악관에서 같이 통역한 적이 있다. 2010년 10월 당시 올브라이트 국무장관 일행이 북한을 방문하고 오는 길에 서울에 들러 한·미·일 3국 외무장관 회담을 할 때도 K 씨와 함께 통역했었다. 그때 K씨는 필자에게 잊지 못할 기억을 남겼다.

그날 아침 호텔 회의장 통역 부스 안에서 대기하고 있는데 3국 참석자들이 모두 착석해 회담이 시작됐는데도 올브라이트 장관의 영어를 한국어로 통역하기로 돼 있는 K 씨가 5분가량 늦게 부스에 들어오는 것이 아닌가. 한·일 참석자들이 대충 영어를 알아듣는 사람들이라 회의 진행에 문제는 없었지만 통역사가 늦는 일은 이례적이었다.

점심을 먹고 오후에 기자회견장 통역 부스에서 K 씨를 만나 반갑게 "저를 기억하십니까?" 했더니 "아, 곽 선생, 기억합니다만 오늘 제가 머리가 너무 아프니 내버려 두십시오"라고 말해 필자를 머쓱하게 만들었다. 당시 필자는 K 씨가 북한에서 미국 대표단 영어 통역하랴, 김정일 등의 북한 말을 통역하랴 기진맥진했다고 이해했다. 필자도 며칠 새에 영어로, 프랑스어로 통역하다 보면 편두통이 생기는 것을 경험했기 때문이다. 그만큼 통역이라는 일은 정신적·육체적으로 고된 일이다.

K씨는 일찍이 미국으로 건너가 국무부가 인정하는 한국어 통

역 자격증을 받은 자수성가형 통역사이지만 이번 미·북 정상회담 통역을 맡을 미 국무부의 이연향 씨는 아직 젊고 전문적인 통역 교육을 받은 분이다. 통역대학원 졸업 후 수많은 경험을 했기 때문에 순차 통역을 하게 된다면 큰 문제가 없을 것이다.

사실 한·미 정상회담 같은 중요한 통역 현장에서 실수가 벌어진 일은 한두 번이 아니다. 이연향 씨가 국무부에서 한국어 통역을 맡기 전까지는 한·미 간 통역 오역 논란이 끊이질 않았다. 2005년 7월 방한한 콘돌리자 라이스 미 국무장관이 반기문 외교통상부 장관과 회담한 뒤 기자회견을 가졌을 때의 일이 대표적이다. 당시 미국에서 온 여성 통역사가 팔레스타인 '당국(authorities)'이라는 말을 '권위'로, '비핵화 선언'을 '비핵화 동맹'으로 옮겨 기자단에 동요가 일어나기까지 했다. 이 여성 통역사는 라이스 장관의 발언을 다 옮기지 않거나 중요한 부분을 누락하기도 했다. 이 통역사의 실수는 다음날 많은 신문이 기사로 지적했다.

2006년 9월 14일 노무현 대통령이 워싱턴을 방문해 백악관에서 기자회견을 했을 때도 마찬가지였다. 당시 미국 측이 새로 고용한 남성 통역사는 실수투성이였다. 금방 눈치 챌 수 있는 오역이 없어 기사화되지는 않았지만 녹화 테이프를 자세히 들어보면 조지 W. 부시 대통령의 말 가운데 제대로 통역된 게 거의 없을 정도였다.

예컨대 "한·미 관계는 강하고도 매우 중요한 관계"라는 첫 발언을 "강력한… 그런 관계"라고 얼버무렸다. 제일 심각한 것은 "미국이 한반도 안보에 변함없는 의지를 갖고 있다(committed)"는 부시의 메시지를 "미국 정부는 한반도의 안보에 책임을 여전히 지고 있다"는 메시지로 전달했다는 점이다. 큰 오해를 불러일으켰을 수도 있는 오역이었다. 또 "전시작전통제권 이양 시기 문제를 잘 해결하라고 럼스펠드 국방부 장관에게 당부했다"는 말은 "미국 국방부 장관과 한국의 상대가 적절한 날짜를 잡기로 했다"로 통역됐다. 전작권 관련 발언이 그렇게 '느슨하게' 전달돼서는 안 됐다.

당시 통역사의 실수는 두 정상을 망신 주는 단계까지 나갔다. "저 기자가 노 대통령께도 질문했느냐"는 부시의 질문을 통역은 "질문에 대한 답변이 되었느냐"고 전했다. 이에 노 대통령은 부시에게 "대답을 잘하셨습니다"라고 했고, 한국 측 통역은 이를 영어로 통역했다. 부시는 얼떨결에 "다른 사람들도 모두 그렇게 생각해주면 좋겠다"라고까지 했다. 외국인 기자들이 이런 어색한 장면에 "와~" 하고 웃어버렸다.

이날 통역사의 실수는 부지기수였다. "평화적 해결을 바라는 5개국"을 "평화적 동맹의 5개국"으로, "핵무장 국가의 위협 인식"을 "핵무기 확인"으로, "김정일이 핵무기 계획을 포기하면 더 좋은 길이 있다"는 말을 "제(부시)가 하는 것이 최선의 방법"이라고 엉뚱하게 옮겼다. 심지어 "6자 회담을 통해 북한에 전달한 메시지"가 "6자 회담을 통해 해결해야 한다."는 메시지로 둔갑하기까지 했다.

당시 이런 어처구니없는 통역 실수가 나온 것은 그때만 해도 미국 정부가 통역 문제를 심각하게 여기지 않는 데 있었다. 일종의 '미국 제일주의' '영어 제일주의'에서 나온 '무심함'이 이런 엉터리 통역을 부른 것이다. 필자는 노무현 대통령 당시 벌어졌던 백악관 통역사의 어처구니없는 실수를 한 일간지 기고문을 통해 조목조목 지적하면서 "미국 내에서 실력과 경험을 겸비한 한국 출신 미국 시민권자를 찾지 못한다면 관례를 깨고 차라리 주한 미국대사관에서 통역사로 근무하는 통역대학원 출신들에게 통역을 시켜야 비로소 문제가 해결될 것"이라고 제안하기도 했다.

당시 엉터리 통역을 꼬집은 필자의 글은 한·미 외교가에 화제가 되었고, 주한 미국대사관의 번역을 거쳐 워싱턴 국무부에 보고되기까지 했다. 필자의 글이 한국어 통역 문제의 심각성을 일깨워 이연향 씨가 국무부에 스카우트되는 계기가 됐고 그때부터 한·미 간 오역 바람이 잦아들기 시작했다는 풍문이 있으나 확인할 길은 없다.

트럼프 대통령은 이번 김정은과의 회담에서 "기대에 못 미치면 회담장을 떠나겠다."라고 했다. 실패한 회담의 경우 흔히들 원인 분석을 하면서 "통역이 잘못됐다"고 통역사를 희생양으로 만들기도 한다. 아무쪼록 그런 사태가 일어나지 않도록 이번 회담에서 양측의 통역사는 신중하면서도 매끄럽게 임무를 완수해주기를 빈다.

통번역 일, 변화가 불가피하다

'하루 통역료 90만원' 깎아도 될까요?

(2015. 2. 27, 뉴스1)

필자가 1979년 한국외대 통역대학원에 1기로 입학해 유학을 마치고 돌아온 1983년, 막 생긴 우리나라 전문 통역 시장의 통역료는 하루 20만원이었다. 그로부터 30여년이 지난 지금 통역료가 90만원이니 30년 만에 약 5배가 오른 것이다. 통역이 얼마나 힘든 정신노동인지 모르는 고객들은 하루 90만원이 터무니없이 비싸다고 생각하고 깎을 수 있는지 물어본다. 우리나라만 그런 게 아니다. 근대 통역의 발상지인 유럽의 선진국들에서도 마찬가지다. 아직 통번역의 본질을 이해못하고 "외국어만 좀 하면 통번역은 저절로 쉽게 되는 것"이라고 생각하는 고정관념이 아직 뿌리 깊게 남아있다. 하루 통역료가 90만원이 된지 10년이 넘었으니 물가 상승률을 감안하면 더 올려야 한다는 의견도 무리가 아니라고 본다.

외국어를 공부한 죄로 졸지에 강제로 통역을 해본 경험이 있는 사람들은 그것이 얼마나 힘든 일인지를 안다. 그들은 하루 90만원이 결코 비싼 요금이 아니라는 사실을 이해하고 기꺼이 관련 예산을 책정한다. 또 예산을 아끼려고 값싼 통역사를 고용했다가 국제회의를 망친 경험이 있는 사람들도 "식음료 예산은 줄여도 통역료는 그러면 안 된다"고 입을 모은다. 어느 공공기관에서는 국제회의가 잘 진행되지 않아 제값을 주고 통역을 시켜보고는 "전문 통역이 그렇게 차이가 나는 줄을 예전엔 미처 몰랐다"라고 고백하기도 한다.

최근 이 통역료가 흔들리고 있다. 고객들의 잘못만이 아니다. 1990년대 말까지 한국외대 통역대학원이 독점 상태를 유지하다가 1997년 서울에 두 번째 통역대학원이 생기자 양자 구도의 경쟁이 시작되었고, 2003년 세 번째 대학원 설립에 이어 미국과 호주의 대학원 졸업자들이 국내로 들어옴에 따라 통역 시장은 점점 더 혼탁해진 것이 사실이다. 대학원마다 입학 기준이 다르고 졸업 시험의 기준도 달라 졸업생의 능력도 품질도 다르지만 이를 알 바가 없는 고객들은 통역사들끼리 경쟁을 붙여 "싼 통역사"를 찾기 때문에 일어나는 현상이다. 한마디로 "공급이 수요를 앞지르고 있기 때문"이다.

이런 문제를 해결하기 위해 2007년 1세대 통역사들이 모여 한국 통번역사 협회(KATI)를 만들어 우수한 통역사들을 가려내기 위한 "통역사 국가 인증제"를 만들려 노력하고 있지만 이게 간단한 일이 아니다. 캐나다와 호주 등지에서는 일찌감치 국가가 개입해 인증제를 시행하고 있지만 우리나라에서는 30여 년이 흐른 지금 갑자기 인증제를 만들기에는 이해 당사자와 이해 관계가 너무 복잡하게 얽혀있기 때문이다. 우스갯소리로 "통역사 중 한 사람이 국회로 진출해야 인증제 관련 입법이 가능할 것"이라고 한다. 먹고 살기 바쁜 국민들과 정치에 바쁜 정부나 국회에게 통번역 인증제는 배부른 소리일 뿐이기 때문이다.

정상회담에서 오역이 생기고 FTA 협정문이 잘못 번역되었다고 언론에 떠들썩 보도되어야 뭔가 조치를 해야 한다고 떠들다가 며칠이 지나면 찻잔 속의 태풍으로 잠잠해지고 만다. 당장 죽고 사는 문제가 아니기 때문이다. 의료 관광객들이 몰려와 보건 복지부가 의료 통역사 양성을 시작한 지 7년, 의료 통역 국가 인증제 추진 사업도 아직 난항을 겪고 있다. 정부 부처들 간의 교통정리가 남아있기 때문이다.

국가 인증제가 기약이 없는 이런 상황에서 우리가 할 수 있는 일은 무엇일까? 통역대학원들은 고객이 믿고 쓸 수 있는 학생을 엄격한 기준을 통해 졸업시켜야 하고, 졸업한 통역사들은 고객이 믿을 수 있는 능력을 배양해야 하고, 통역사를 쓰는 고객들은 훌륭한 통역과 통역사를 고르는 눈을 가져야 한다. 하루 90만원의 통역료가 결코 비싼 것이 아님을 이해하고 다른 예산을 줄여서라도 통역료를 집행해야 국제회의가 끝난 후 "싼 게 비지떡이었다"라고 후회하지 않게 될 것이다.

"인증 시험제로 통번역사 수준 관리"(2014. 4. 4)

각국 속담까지 동시통역하는 기술은 얼핏 대단해 보이지만, 사실은 통번역사의 기본 소양에 불과하다. 한국에서 통번역사의 처지는 조선시대 중인(中人)인 역관(譯官)과 다를 바 없다. 필요할 때 잠깐 불러 쓰는 아랫사람 대접을 하는 것이 현실이다. 국제화 시대의 필수 인력이 제대로 대우받지 못하는 건 국가 경쟁력 차원에서도 큰 문제라고 생각한다.

과거 ROTC로 임관했더니 외대 영어과 나왔다고 통역 장교를 시켰다. 대통령 경호실에서 'Time'이나 'Newsweek'를 번역해 차지철 실장에게 제출하는 일을 1년 반 동안 했었다. 이후 1978년 제대하여 대형 건설사에 입사했다. 회사는 통역 장교 시절에 비해 재미나 흥미 면에서 만족도가 떨어졌다. 입사 1년 뒤, 한국 최초로 외대에 통번역대학원이 생기자 바로 사표를 쓰고 한영불과(韓英佛科) 1기생으로 입학했다. 당시는 통번역사 양성 기관은커녕, 통번역사가 뭔지 개념조차 없던 때였다. 정 필요하면 외국에서 공부하거나 일하는 사람을 급히 끌어다 쓰는 정도였다. 부엌칼 잡았다고 다 요리사는 아니듯, 외국어를 안다고 통번역사 업무를 다 잘 해낼 순 없다. 아무래도 질이 영 좋지 못했다. 그래서 전문 통번역사를 키울 필요를 느꼈던 것이다. 이

후 88년 올림픽 조직위원회 통역 안내 과장, 대통령 공보 비서관, YTN 국제부장, 2002년 한일월드컵 통역 자문위원, 2011년 대구 세계 육상선수권대회 통역 총괄 담당을 지냈다. 1999년부터 모교 교수로 일하고 있다.

통번역이 별것 아니라고 생각해 얕잡아보는 사람들이 종종 있다. 인건비를 아끼려고 아무나 불러 쓰다가, 오역이나 어설픈 통역으로 큰 손해나 낭패를 보는 분도 적지 않다. 통역은 외국어를 기계적으로 한글로 갈아 끼우는 작업이 아니라, 두 나라의 문화·정치·경제·사회를 반영해 이해하기 쉬우면서도 정확하게 서로의 말을 전달하는 고도의 작업이다.

우리 같은 통역사가 존중받으려면 스스로 노력하는 방법밖에 없다. 그래서 인증 시험제를 도입할 계획이다. 일정 수준 이상을 갖춘 사람만 회원으로 인정해, 협회원이면 누구든 '프로(Pro)'임을 보장하는 것이 그 목적이다.

대통령 취임사부터 '국가번역원'이 번역하게 하자

(2013. 3. 1)

지난 25일 거행된 18대 대통령 취임식의 공식 행사를 6개 언어(영·불·중·일·스페인·러시아)로 동시통역 해달라는 요청을 받고 준비하던 중 24일 저녁에야 대통령 취임사를 전달받았다. 필자가 담당할 영어만큼은 공식 영역본이 함께 도착했다. 국회의사당 단상의 왼쪽에 설치된 6개 통역 부스에서 같이 통역할 동료들과 대통령 당선인이 직접 썼다는 우리말 원고를 검토하다 보니 어색한 문장들도 보였다. 예를 들어 종반부 북핵 위협관련 부분에서 "현재 우리가 처한 안보 상황이 너무도 엄중하지만 여기에만 머물 수는 없습니다."라는 문장은 "현재 우리가 처한 안보 상황이 너무도 엄중하지만 여기에서 주저 앉을 수는 없습니다"로 하는 것이 더 자연스럽고 번역에도 무리가 없다.

공식 영역본을 살펴보니 몇 가지 오역이 눈에 띄었다. 먼저 "아는 사람은 좋아하는 사람만 못하고, 좋아하는 사람은 즐기는 사람만 못하다고 했습니다"라는 부분은 "우리가 아는 사람은 우리가 좋아하는 사람만 못하고, 우리가 좋아하는 사람은 함께 있으면 즐거운 사람만 못하다"고 번역되어 있었다. 명백한 오역이다. 이 말을 잘 모르는 사람이 번역했음에 틀림없다.

사소한 문법적 실수들은 두고라도 "개개인의 능력을 주춧돌로 삼아"라는 말은 "개개인의 능력이라는 주춧돌을 통해"라고 어색한 표현을 썼으며 "자본주의 역시 새로운 도전에 직면해 있습니다"라는 표현은 영어로는 능동태가 아닌 수동태로 써야 맞다. "산업 간에 벽을 허문 경계선에"란 말은 "벽이 스며든 경계선"으로 바뀌어 있었다.

"여성이나 장애인 또는 그 누구라도 안심하고 살아갈 수 있는"이란 말은 우리말에서는 '또는'이라고 해도 되지만 영어에서는 '그리고'라고 해야 맞다. "한류 문화가 세계인들의 사랑을 받으면서 기쁨과 행복을 주고 있고, 국민들에게 큰 자긍심이 되고 있습니다"는 말이 "한류가 큰 사랑으로 환영 받으며 기쁨과 행복을 유발할 뿐만 아니라 모든 한국인들에게 큰 자긍심을 불어넣고 있다"고 바뀌었다.

물론 이런 긴 연설문을 하루 이틀에 완벽하게 번역하기란 어려운 일이다. 그러나 이런 번역문은 소수 외국인 초청 인사가 듣고 난 후 행사가 끝나면 사라지는 것이 아니라 영원히 역사의 기록으로 남는다. 따라서 이런 역사적 문서를 시간의 제약에도 불구하고 전문적으로 번역하는 '국가번역청'이 이번 행정부에 의해 설립되기를 다시 한번 희망해 본다. 수많은 번역 담당 공무원을 채용하라는 말이 아니라 정부가 후원하는 인증 시험을 거쳐 국가의 공식 번역 업무가 생기면 언제라도 달려와 자신의 전문 분야에서 신속하고 정확하게 번역할 수 있는 민간 번역사의 풀을 만들어 관리하자는 제안이다.

국가 번역원을 만들자(2013. 1. 8)

지난해 말 한 중앙부처 장관의 초대를 받아 '중소기업 통번역 업무 지원을 통한 통번역 산업 활성화 방안'이라는 소규모 간담회에 참석했다. 새 정부가 들어서면 자리를 물러날 장관이 '통번역 업무의 백년대계'를 구상하는 모습이 인상 깊었다.

간담회 시간이 길지 않아 많은 얘기를 나누지는 못했지만 장관이 한 말씀 중 인상적인 것은 우리나라 장·차관들은 대부분 외국인들과 접촉할 때 통역사를 쓰고 있지만 국·과장들도 통역사를 쓰도록 해야 한다는 것이었다. 영어로 의사를 명확하고 유창하게 전달할 수 없으면서도 통역사를 쓰면 자존심이 깎이고 창피하다는 통념 때문에 서투른 영어로 직접 소통하려다가 국익을 해칠 수 있다는 뜻이었다. 필자는 술을 마신 후 귀찮기도하고 작은 비용을 아끼려고 대리운전 대신 직접 차를 몰고 가다가 대형사고가 나는 것에 비유했다.

지당하신 말씀이다. 한국인이 영어를 잘 못하는 게 부끄러운 일이 아닌 것은 고위 공무원도 마찬가지다. 남다른 노력으로 고위 공무원이 된 분들이 외국어도 잘 하란 법은 없다. 안 되는 외국어를 직접 하려고 애쓰는 대신 통역사를 쓰면 국가 이익을 더 챙길 수 있고, 혹시 오해가 생기더라도 '통역상 문제'라고 둘

러댈 여지도 생긴다.

간담회와 거의 같은 시기에 행정안전부에서는 영어를 제외한 6개 외국어 전문 통역사 7명을 선발했다고 발표하면서 그들이 앞으로 정부의 통역 수요를 맡게 될 것이라 자부하고 있었다. 하지만 6개 언어에 7명의 통역사로 어떻게 정부 전체의 수요를 충족한다는 말인가? 15개 부처가 통역사 수에 맞춰 외국인과 만나야 할까? 70명, 아니 700명이 필요할 수도 있다.

이제 정부 통번역 업무의 백년대계를 위해 새 정부는 국가 번역원을 설립해야 한다. 이 기구에서 일할 통번역사는 국가가 정한 시험을 통해 인증을 받은 후 등록을 하고, 국가가 정한 요율에 따라 통번역료를 받고 일하면 된다. 한-EU FTA의 오역 사태 같은 어처구니없는 일이 재발해서는 안된다. 일정 기간 후 정부 통번역 전담 업무가 원활하게 이루어지면 공공 기관들을 위한 통번역으로 업무를 확대하면 된다. 그 후 민간 부분의 통번역도 서비스할 수 있다. 그러면 작년 올림픽 후 축구협회의 잘못된 영어 이메일 같은 부끄러운 사례도 없어질 것이다. 캐나다와 호주 같은 나라에서는 이미 이런 제도가 정착되어 잘 운영되고 있다. 이제 통번역 업무에서도 우리의 국격을 높일 때가 되었다.

번역료를 올려야 한다(2011. 4. 25)

이 나라의 1세대 통역사로서, 3년 전 설립된 (사)한국통번역사협회의 발기인 중 한 사람으로 최근 불거진 한-EU FTA 협정문 오역 사태에 대한 언론 보도를 관망해왔다. 그중 가장 핵심을 찌른 보도는 정부 부처가 고급 번역사를 쓸 수 없는 가장 큰 이유가 예산 문제라는 것. 즉 번역사들이 정부 부처에서 2000~3000만원 정도 연봉의 계약직 인력으로 고용돼 대개 1년~1년 반 정도 경력을 쌓은 후 대기업으로 이직하거나 프리랜서로 전환하면 억대 연수입도 가능해진다는 것이다.

외교통상부의 책임자는 "1300쪽의 협정문 전부를 전문 인력에 맡기면 2억6000만원이 들어 내부에서 작업을 했다"라고 말했다. 이 계산대로라면 번역료가 1쪽에 20만원인데 법무법인이 아닌 영세한 번역회사에서 1쪽에 20만원을 받는 경우는 극히 드물다. 1쪽에 기껏해야 10만원이다. 그나마 외국어를 우리 말로 옮길 때는 더 낮아진다. 사태가 터진 후 법률 전문가들이 감수한 부분에서도 오역이 적잖이 발견되었다고 하니 우리말 번역도 그만큼 어려운 것이다.

공기관에서 번역을 의뢰받을 때 언제나 듣는 소리는 "가능한 한 빨리 번역해달라. 그러나 번역료는 예산 규정상 많이 줄 수 없다"라는 것이다. 이래서야 어느 실력 있는 번역사가 공기관의 번역을 맡겠는가? 특히 영어 같은 경우는 일감이 넘치는데 "정부의 번역을 가문의 영광으로 알고 봉사하라"라는 말이 통하던 시대는 지났다.

이런 현실의 밑바닥에는 뿌리깊은 번역 경시 풍조가 있다. 필자가 통역대학원 1기로 졸업한 당시 국내 통역료는 하루에 20만원이었고 최근에는 100만원 가량이니 30년 만에 5배가 되었다. 그러나 번역료는 그렇지 못하다. 프리랜서 번역사들의 몸값은 천차만별로 A4 용지 한 장 기준의 번역료는 적게는 장당 2000원에서 많게는 20만원까지 편차가 매우 커 번역사들의 수입이 100배까지 차이가 난다는 계산이 나온다. 그만큼 번역은 아직까지 "영어를 조금 잘 하거나, 영문과만 나오면 할 수 있는" 일이라는 인식이 사라지지 않고 있다. 우리 대학원에서도 1년에 150명가량의 졸업생 중 "번역만 전문으로 하겠다"라는 사람은 10명도 되지 않는다. 대학에서도 교수가 논문이나 저서를 펴낼 때보다 역서를 펴내는 연구 점수가 여전히 낮은 현실이 학자들마저 번역을 경시하고 있음을 보여준다. 일본의 경우는 반대임을 보면서도 고쳐지지 않고 있다.

이번에 말썽이 된 것이 외국어로의 번역이 아니라 우리말로의 번역이었다는 사실은 우리에게 또 다른 반성의 계기를 준다.

지난 몇십 년 동안 우리는 영어 위주의 언어 교육을 시키면서 모국어를 경시해왔다. 모국어 없는 외국어가 무슨 소용일까? 모국어를 온전히 못 하는 자가 외국어를 얼마나 할 수 있을까? 한자를 배우지 않은 한글세대가 그 어려운 한자투성이 협정문을 자신 있게 번역할 수 있을까? 이번의 한국어 오역 사태도 어쩌면 모국어 경시 풍조 때문에 일어났다고 본다. 모국어를 경시하는 고위직과 직접 번역을 한 우리 말에 서툰 젊은 실무자 및 인턴 직원들의 합작품일 것이다.

정부 예산 규정이 있다 해도 일부 힘 있는 부서에서는 상당한 번역료를 주고 번역을 시킨다. 결국 성의를 가지고 특별 예산을 책정해 결제를 받으면 가능하다는 얘기다. '규정 운운'하는 것은 게으른 실무자들의 무사안일이 원인일 뿐이다. 이번 사태를 계기로 내년부터라도 공기관의 번역료 예산을 상향 조정해야 한다. 만원을 주면 만원짜리 번역이, 10만원을 주면 10만원 짜리 번역이 나온다. 이번 FTA 협정문 같은 경우는 전문 번역사들에게 일을 맡기면서 번역료에 법률 전문가들의 감수비까지 포함시켜야 했다. 번역료가 2-3억이 든다 해도 오역이 불러올 국가적 손해는 2-3조에 달할 수 있다. 정부가 베푸는 수많은 오·만찬 등 체면치레 행사들의 예산을 조금만 줄이면 된다. 정부와 국회는 다시는 이런 사태가 반복되지 않도록 내년 예산

책정 및 심의 시 번역료를 상향 조정하라.

주목 받을 병원통역사 (2009. 8. 5 매일경제)

서울에서 또 하나의 역사(役事)가 시작된다. 병원통역사 양성 훈련이 그것이다. 오는 9월이면 이 땅에 통번역대학원이 설립된 지 30년, 이제 우리가 몰랐던 또 하나의 분야인 지역사회 통역을 위한 인력 양성이 개시된다.

지역사회 통역이란 영어로 커뮤니티 통역인데 아직 더 적절한 번역을 찾지 못했다. 한마디로 우리가 사는 지역의 외국인 이웃들을 위한 통역이다. 이 새로운 분야를 의식하게 된 것은 2년이 채 되지 않는다.

이 통역은 쉽게 말해 우리의 법정이나 병원에서 이루어지는 통역이다. 지금까지의 통역을 대학원 교육을 받은 인력이 높은 보수를 받으며 수행해왔다면, 이 통역은 우리 주위의 외국인 이웃들을 위해 봉사한다는 개념이 들어 있다. 즉 이주 노동자 등이 우리 법정에 서게 될 때 그들과 법관들 사이의 말을 통하게 해주고 그들이 몸이 아파 병원 신세를 질 때 의료진과의 의사소통을 도와주는 것이다.

법정 혹은 법률 통역이 인간의 기본권 보호를 위한 것이라면 의료 통역은 인간의 건강, 나아가 생명의 보호를 위해 필수적이다.

어쩌면 이런 통역이 회의 동시통역보다 더 위험성이 크고, 그만큼 더 어려울 수도 있다, 특히 통역사의 투명성을 강조하는 회의통역과 달리 이 통역은 통역사의 존재를 드러내지 않을 수 없다. 그럼에도 세계적으로 이런 임무에 대한 오해와 평가절하가 계속됨에 따라 그 어느 나라에서도 이 통역에 대한 일관적 기준이나 정형화된 통역사 훈련 과정이 없는 것이 현실이다.

작년 9월 국내 최초로 국제 법정통역 세미나가 열렸을 때만 해도 또 하나의 지역사회 통역인 의료통역이 이토록 일찍이 관심을 끌게 될 줄은 몰랐다. 그런 계기를 만든 것은 의료 서비스를 받기 위해 이 땅에 오는 외국인들의 의료관광 붐이었다.

아직은 다언어 사회가 아닌 우리나라가 해외에서 몰려오는 의료 관광객들을 위해 전문 통역사 양성을 앞당기게 된 것이다.

급기야 금융위기 속에서도 우리 국회는 지난 5월 의료관광 진흥을 위한 추가경정예산을 승인하기에 이르렀고, 이에 따라 의료통역사 양성 사업을 위한 준비가 보건복지부 산하 보건복지인력개발원을 중심으로 급속도로 진행됐다.

이제 약 3개월의 준비 작업을 거쳐 7월 하순부터 매주 토요일 5개 국어(영어, 중국어, 일본어, 러시아어, 아랍어) 의료 통역사 60여 명의 6개월 양성 훈련이 시작됐다. 준비 기간은 짧았어도 우리 정부(보건복지부)와 의료계, 학계는 힘을 합쳐 최선의 준비 작업을 했다고 자부한다. 내년부터는 대상 언어를 베트남어, 몽골어 등으로 확대할 수 있다.

이제 우리나라 의료통역의 수준과 의료 통역사 인증에 이은 대우 등은 지금부터 하기에 달렸다. 최초의 사업이니 만큼 우리의 노력에 따라 세계에서 가장 모범적인 의료 통역 사례를 제시할 수도 있다.

정치는 말, 스스로 연설을 쓸 수 있어야 지도자다

유체이탈 화법 치유책(2015. 6. 17, 한겨레신문)

대통령보다 한 살 덜 먹은 필자도 회갑을 훌쩍 넘기고 보니 강의하다가 "내가 무슨 말을 한 건가?" 하는 경우가 늘어난다. "왜 이름이 생각이 안 나지?"라는 약품 선전 문구도 있듯이 고유명사가 기억이 안나 애먹은 지는 10년도 넘은 것 같다. 여러 집단과 사람의 이름을 언급해야 하는 연설을 할 때는 꼭 메모를 해가야 바로 앞에 사람을 두고 이름이 입안에서 뱅뱅 도는 낭패를 막을 수 있다.

우리나라는 숭문어눌(崇文語訥)의 전통이 있어 말하기 교육을 경시하고, 말 잘하는 사람을 "입만 깐" 사람으로 치부하는 경향이 있다. 그래서 1년 내내 잘 된 연설하나 구경하기 힘들고 인터넷에서도 명연설 하나 찾기 힘들다. 그러나 최근에는 지위고하를 막론하고 각계각층의 말이 SNS로 실시간에 퍼지는 세상이 되어 발언이나 연설의 품질이 도마 위에 오른다. 국내외로 어려움에 직면하고 있는 박근혜 대통령을 더 이상 폄하할 생각은 없다. 다만, 유체이탈 화법이라는 모욕적인 평가를 받는 원인을 생각해보고 그 치유책을 제안하고 싶다.

박 대통령이 취임 후 몇 차례 해외 순방여행에서 영어와 중국어, 불어로 연설을 한 것이 화제가 되었을 때 필자는 제자들에게 "모든 사람과 마찬가지로 대통령의 외국어는 자신의 모국어와 똑같다. 모국어 억양과 속도와 똑같이 외국어를 한다. 또박또박 한마디 실수 없이 하지만 웅변과 감정이 없어 국민들은 곧 싫증을 느낄 것"이라 예언했다. 그런데 이제 국민들은 싫증을 너머 '유체이탈'이라는 표현으로 대통령의 말을 미워하고 있다.

TV로 외국 지도자들이 말하는 것을 보면 박 대통령처럼 탁자에 놓은 원고를 보는 사람은 드물다. 연설을 할 때야 오바마 대통령도 좌우에 설치된 텔레프람터를 보며 읽지만 그의 연설은 훨씬 자연스럽고 설득력이 크다. 타고난 웅변가로 수많은 연설 경험이 있기도 하겠지만 그는 연설 내용을 숙지하고 다시 생각을 하며 읽기 때문에 알아듣기 쉽다. 영화배우 출신인 레이건 전 대통령도 연기하듯 연설을 했기에 말에 자신감이 묻어나고, 위대한 소통가라는 별명을 얻은 것이다.

우리나라 역대 대통령 곁에는 한두 사람 연설 작성자가 있었는데 현재 청와대에는 그런 사람이 보이지 않는다. 대통령의 입이라는 대변인과 홍보 수석이 브리핑하는 말도 별로 나을 것이 없으니 답답한 노릇이다. 대통령의 모든 발언을 사전에 거르고 다듬는 전문가가 있어야 한다. 일관된 국정철학을 보여주는 발언과 연설을 쉽고 짧은 문장으로 엮어 대통령에 제공하는 사람이 있어야 한다. 캐캐 묵은 한자표현은 최소화하고 촌철살인의 자연스런 우리 말로 국민에 다가가야 한다. 대통령은 만기친람하는 시간을 아껴 전문가가 제공하는 원고를 완전히 자기 것으로 만든 후 국민 앞에 나서야 한다. 발언할 때 다시 한번 그 뜻을 생각하며 즉흥 연설하듯 자연스럽게 해야 국민들이 비로소 공감을 느끼고 대통령을 응원할 것이다.

행동하는 대통령의 눌변(2017. 5. 29, 매일경제)

문재인 대통령의 생일은 필자보다 두 달 정도 앞선다. 동년배라 그를 더 유심히 살펴왔는데 말을 할 때면 예외 없이 절망을 느끼곤 했다. 필자처럼 치아가 나빠 열 개 정도 임플란트를 해서 발음이 부정확하고 이상한 시옷 발음이 많이 난다는 지적에 더 연민을 느꼈다. 젊을 때 대통령을 통역한 경험이 있고 날마다 국내외 대통령 연설로 통역 강의를 하는 필자로서는 선거연설에서, TV 토론에서 그의 목소리를 들으며 "저 발음으로 어떻게 임기 5년을 보내고, 국민들은 그 발음을 어떻게 5년 더 감내해야 하나" 걱정이 앞섰다.

그러나 대통령 당선 후 인터넷 검색에서 상위에 오른 과거 영상을 보고 모르던 것을 알게 되고 모든 것을 양해하기로 했다. 5년을 꾹 참기로 했다. 우리 나이에 특히 경상도 사나이가 발음이나 억양을 고친다는 것은 난망이기 때문이다.

2002년 대통령선거에서 문재인이 부산 지역 선대본부장을 맡게 됐을 때 부산 선거대책위원회 출범식에서 노무현이 했던 연설에 바로 다음과 같은 구절이 나온다. "말은 떠듬떠듬 유창하지 않게 원고를 보면서 읽었습니다만 저는 제가 아주 존경하는 나이는 저보다 적은 아주 믿음직한 친구 문재인이를 제 친구로 둔 것을 정말 자랑스럽게 생각합니다."

노무현 대통령이 정확히 지적한 것처럼 변호사 문재인은 15년 전에도 지금처럼 말이 유창하지 않았고 자신이 쓴 원고일망정 보면서 읽어야 했던 것이다. 이제 앞으로 5년, 대통령이 쓸 수 있는 투명 전자 원고 화면(텔레프람터)에 익숙해지면 점점 더 나아지기를 기대할 뿐이다.

대통령 취임사에 이어 광주에서 5.18 기념사를 할 때도 그 좋고 감동적인 원고를 웅변으로 살리지 못하는 아쉬움을 주었다. 직전 대통령이 몇 가지 외국어를 구사하면서도 유체이탈 화법으로 국민들을 절망시킬 때 국민은 다음 대통령은 웅변으로 나라를 이끌어주길 바랬지만 갑자기 좋아질 것으로 기대할 수는 없다고 본다. 그러나 5월 23일 노무현 대통령 서거 8주년 기념식에서의 추도사는 벌써 훨씬 나아졌다는 느낌을 받았다. 간절한 자신의 마음을 그대로 전하는 내용 덕분이었을 수도 있다.

어쨌든 좋다. 눌변으로 국민을 안타깝게 해도 좋다. 자신이 직접 손질하는 원고에는 진실성이 있기 때문이다. 외국어를 못해도 좋다. 훌륭한 통역사를 두면 되니까. 더 중요한 것은 말보다 진심이요, 소통이요, 그 말을 실천하는 행동이기 때문이다. 새 대통령의 눌변에는 귀를 닫고. 실천하는 그의 대통령직 수행을 흐뭇한 마음으로 지켜보련다. 어차피 우리는 말만 잘하는 사람에게는 후한 점수를 주지 않은 숭문어눌의 전통이 있으니까. 말은 못하지만 행동과 절묘한 인사로 취임 초기 우리를 감동시키고 있는 문 대통령의 지속적인 성공을 진심으로 기원한다.

대통령의 영어 연설(2003. 5. 10)

박근혜 대통령의 미국 의회 영어연설을 두고 화제가 만발하고 있다. 한 야당 의원은 연설 직후 자신의 트위터에 "영어 실력은 싸이가 한 수 위" 운운했다가 누리꾼들의 비난이 쏟아지자 글을 삭제하기도 했다. 공식 영어 사용국이 아닌 나라에서 "누가 영어를 더 잘하나?" 만큼 유치한 질문이 있을까? 영어에서마저 등수를 매기려는 분위기 때문에 SAT 시험 취소라는 국제적인 망신을 당하고서도? 환갑을 넘은 대통령과 미국 유학생활을 한, 한 세대 젊은 가수의 영어를 비교한다는 자체가 무의미한 일이다. 두 사람은 각각 자신의 임무를 수행하는 '목적'이 아닌 '수단'으로 영어와 모국어를 할 뿐이다.

두 사람의 영어에는 한 가지 공통점이 있다. 둘 다 자신의 모국어와 같은 방식으로 외국어인 영어를 한다는 점이다. 두 사람의 영어는 원어민만큼 빠른 속도가 아닌데 그것은 그들의 모국어와 똑같다. 박근혜 대통령의 우리말은 가끔씩 답답할 정도로 느리고 또박또박하고, 준비하지 않은 말은 결코 하지 않는 스타일인데 영어도 마찬가지다. 싸이도 우리 말이 빠르지 않듯 영어도 느리지만, 또박또박 발음해 의사를 전달한다. 모국어를 들어보면 그 사람의 외국어도 짐작할 수 있는 것이다.

박 대통령의 영어가 미국에서 높은 평가를 받은 것은 느리지만 명확한 발음 덕분이다. 영어 원어민들이 외국인의 영어를 들을 때는 '유창함'보다는 '문법에 맞는 문장과 정확한 발음'에 점수를 준다. 박 대통령은 이번에 특히 단어 하나하나에 고지식할 정도로 정확한 액선트를 구사했다. 그걸로 끝이다. 무엇을 더 바라겠는가? 느리지만 정확한 발음으로 명확하게 메시지를 전달해 미국 의원들이 이해하기에 아무런 문제가 없었기 때문이다.

왜 모국어로 연설하지 않았느냐고? 영어로 연설하는 것이 훨씬 더 효과가 크기 때문이다. 모국어로 연설했다면 수백 명의 미 상·하원 의원들이 불편한 이어폰을 끼고 듣느라 박수칠 타이밍을 놓쳤을 것이고, 동시통역 없이 영어 번역본을 배부했다면 더욱 그랬을 것이다. 유창하지 못한 영어라도 못 알아듣는 한국어보다는 훨씬 정겹고 전달력이 크다.

방미하기 달포 전 청와대 대변인은 "박 대통령이 해외 인사들을 접견하면서 수준 높은 외국어 실력을 과시했다"라며 박 대통령의 영어 실력을 자세히 브리핑했다고 한다. 한국에서 태어나 자란 사람이 2개 외국어 이상을 수준 이상으로 구사하기는 불가능하다. 박 대통령이 한국어를 포함해 5개 국어를 한다는데 5개 국어를 할 수 있다는 말과 5개 국어에 모두 능통하다는 말은 다르다. 5개 국어를 다 잘 할 수 있다는 말은 어찌 보면 5개의 악기를 모두 수준급으로 연주할 수 있다는 말과 같다. 언론에서 가끔씩 유명 인사의 인물평을 하면서 4-5개 국어를 구사한다고 쓰는 것은 우리 언론이 외국어 관련 조예가 깊지 못한 데서 온다고 본다. 모국어로 임무를 수행하는 기자들이 외국어를 잘했으면 기자가 되지 않았을 것이다. 이제 대통령의 영어에 대한 쓸데없는 입방아는 더 이상 찧지 말자.

트럼프의 화법(2017. 7. 1)

지난해 말 터진 탄핵정국의 와중에서 우리 국민은 '유체이탈'이라는 대통령 화법의 정체를 파악하면서 정치인들의 말에 나름대로의 판단력을 기르게 되었다고 본다. 이제 다음 대통령은 자신이 할 말을 스스로 구상하고 진솔하게 국민들에게 전달할 수 있는 사람을 원하고 있다. 이런 가운데 미국에서도 트럼프라는 기업인 출신 새 대통령의 화법이 미국 국민과 온 세상을 헷갈리게 하고 있다. 트럼프 화법의 특징은 문장과 어휘의 수준이 낮고, 메시지가 단순하고 직설적이며 과장된 표현을 많이 사용하고 자주 말의 앞뒤가 맞지 않는 것으로 요약할 수 있다.

우리말은 한자어를 많이 써 영어보다도 언어역의 수준이 높기 때문에 트럼프의 어휘를 원문 그대로 옮기면 말의 수준이 지나치게 떨어지는 문제점이 있다. 그래서 트럼프가 쓰는 초등학교 수준의 낱말들을 우리말로 옮길 때는 교양 있는 한자어로 적당히 바꾸어 줘야 거부감이 덜해진다. 가령 트럼프가 "NATFA is a bad deal"이라고 하면 원문 그대로 "나프타는 나쁜 거래"라고 하기보다 "미국에 불리한 협정"이라고 옮기는 식이다. "Obamacare is terrible"이라는 문장도 "오바마케어는 총체적 난국"이라고 점잖게 풀어쓸 수 있다.

트럼프의 화법은 내용에서도 단순하고 직설적인 모습을 보인다. 오바마 행정부를 공격하면서 "America is in a mess(미국은 혼란에 빠져있다)"라고 하는 등 저학력 유권자도 바로 이해할 수 있도록 단순하게 메시지를 구성한다. 이로써 기성 정치인들의 정제되고 계산된 수사에 염증을 느낀 유권자들의 호의적 반응을 이끌어낸다. 트럼프는 부동산 거부의 아들로 자라나 전형적인 상류층의 길을 걸었음에도 이런 직관적인 메시지로 서민적인 이미지를 얻어 표를 끌었다. 최근에는 "북한은 매우 버릇없이 행동하고 있다. 미국을 수년간 가지고 놀았다. 중국은 별 도움을 안 줬다"는 직설적인 트윗을 날렸다.

트럼프는 또 과장된 단어와 표현을 즐겨 쓴다. 본인의 인맥을 자랑할 때는 great friends라고 하고, 상대편을 공격할 때는 terrible, disaster, mess 등의 최상급의 부정적 어휘를 동원한다. 대선 초반에는 이런 침소봉대 식 표현이 거부감을 불러일으킬 것 같았지만 실제 결과는 정반대로 나타났다.

사전에 내용을 가늠하고 발언하는 기존 정치인들과 달리 트럼프는 머릿속에서 생각나는 대로 말하는 스타일이다. 오바마의 정치적 고향인 시카고의 높은 살인율을 비판하다가 갑자기 "그런데 나는 시카고에도 친한 친구들이 있다"라는 엉뚱한 말을 내뱉는다. 수치나 자료를 인용할 때도 배경설명 없이 본인이 알고 있는 내용만 단편적으로 나열해 무슨 말을 하는지 이해하기 어렵다. 그의 발언은 문장 간의 호응이 제대로 이루어지지 않는 경우가 많아 각 문장 수준에서는 맥락의 파악이 어렵고 문단 전체를 들여다봐야 내용을 이해할 수 있다.

트럼프가 성공한 대통령이 될지 실패로 끝난 대통령이 될지는 아직 알 수 없지만 유권자들을 향해 한창 말을 쏟아내고 있는 우리 대선 후보들이 그의 화법에서 어떤 영감을 얻을 수 있을지 궁금하다.

'정치는 말' 일깨워준 오바마의 수사학

(2012. 3. 30, 조선일보)

핵 정상회의 참석차 방한한 오바마 대통령의 화려한 수사학은 영어를 공부하는 한국인들을 황홀하게 하고, 정치와 외교의 요체는 결국 말임을 깨닫게 하는 데 충분했다. 한국에 오기 직전인 지난 23일 김용 다트머스대 총장을 세계은행 총재로 지명하면서 그 자리에 그보다 적격인 인물은 없다면서 "다섯 살 때 이민 와서 고등학교 때 반장을 했으며 미식 축구팀의 쿼터백을 맡았고 농구팀의 포인트 가드를 한 것도 모자라 골프에서도 핸디가 싱글이라고 한다. 다른 건 몰라도 골프도 싱글이라니 샘이 난다. 그러나 그가 팔방미인임을 어쩌겠는가"라고 했다. 이어서 "세계은행이 그보다 나은 총재를 갖기는 힘들 것"이라고 못박음으로써 "이제는 미국이 아닌 제 3세계에서 총재가 나와야 한다"는 국제사회의 불만을 잠재웠다.

한국에 온 첫날인 25일 오전 비무장지대의 보니파스 미군 부대에서 병사들에게 "귀관들은 자유의 최전방에 와있다. 내가 살아온 50년 동안 한국에서 일어난 변화는 바로 여러분 덕이다. 여러분이 자유와 번영을 위한 공간과 기회를 만들어주기 위해 한국 근무를 지원한 덕분에 남북한은 더 차이가 날 수 없을 정도가 되었다"라고 사기를 북돋웠다. 끝으로 "귀관들의 통수권자가 귀관들을 얼마나 자랑스러워하는지 미국에 있는 귀관들의 가족이 알아주기를 바란다"라고 하면서 올해 말에 있을 미국 대선의 유권자들을 겨냥했다.

그날 오후에 있었던 한미정상회담 후 기자회견에서는 "작년 가을 이 대통령 내외가 미국을 국빈 방문했을 때 가르쳐 준 한국말인 양국 간의 정(情)을 오늘 다시 느낀다"라고 함으로써 이 대통령뿐 아니라 한국민 전부를 오래된 친구로 만들었다. 그 후 북한에 대해서는 "북한은 위협이나 도발로서는 아무것도 얻을 수 없을 것"이라고 단언해 우리를 안심시키면서 "한국의 리더십으로 내일 열릴 핵 정상회의는 크게 성공할 것"이라고 했다.

다음날인 26일 오전 미국 대통령으로서는 처음 방문하는 대학으로 고른 한국외대에서의 특강으로 그의 수사학은 더욱 무르익었다. 오랜 시간 기다림에 지루했을 학생들에게 "이 학교가 세계에서 제일가는 외국어 교과과정을 갖고 있으니 여러분의 영어가 내 한국어보다 훨씬 나을 것"이라며 "나는 '감사합니다'라는 말밖에 모른다"면서 고마움을 표현했다. 이어서 최초의 미 동포 출신 미국 대사 성 김을 거명하고 며칠 전 임명한 김용 세계은행 총재 지명자를 '애국적인 한국 출신 미국인'이라고 상기시킴으로써 우리가 감사함을 느끼도록 했다.

이어 “여러분이 맘대로 국경을 넘나드는 트위터와 미투데이, 그리고 카카오톡을 쓰는 덕분에 세계가 한류에 매료됐다”고 지적함으로써 미국 대통령이 우리 사정을 얼마나 알까 의심했던 젊은 대학생들의 환호를 이끌어냈다. 방한 전 주한 미국 대사관이 수집한 “SNS로 오바마 대통령에게 물어보세요” 프로그램에서 나왔다는 “대통령의 지지자인 것처럼 대통령이 직접 인터넷 사이트에 글을 올린 적이 없느냐”는 질문에는 “나는 그런 적이 없지만 내 딸들이 그랬을지는 모르겠다”는 인간적인 솔직함으로 학생들을 웃게 만들었다.

그리고 북한에 대해 “도발에 대한 보상은 없을 것이고 그런 시대는 지났다”고 미국 대통령으로서는 가장 강력한 대북 메시지를 보냈고 비무장지대에서 국민을 발전시키는 남한과 국민을 굶기는 북한 사이에 세계에서 가장 뚜렷한 차이를 보았다고도 했다.

이어서 그는 ‘통일’이라는 단어를 쓰지 않으면서 “모든 한국인이 열망하는 그 날은 희생 없이 쉽게 오지는 않겠지만 분명히 온다. 그날, 불가능할 것으로 보였던 변화가 펼쳐지고 국경 검문소가 열리고 감시탑은 비게 될 것”이라는 화려한 은유법을 쓰면서 “이산가족들은 다시 합쳐지고 한국 국민은 마침내 온전한 하나가 될 것”이라며 우리를 감동하게 했다.

우리의 정치 지도자들도 미국 대통령처럼 사람을 기분 좋게 하는 수사학을 구사할 수는 없을까? 다가오는 총선과 대선에서 유권자들을 유쾌하게 해주는 후보들의 수사학을 듣고 싶다.

대통령의 글쓰기(2016. 9. 6)

외곽에서 노태우 대통령의 출장 통역을 하다가 1990년 말 공보비서관으로 발령받고 청와대에 입성했을 때 공보수석비서관은 고교 선배 이수정씨였다. 그는 서울대생 시절 4/19 시국선언문을 작성한 문필가였다. 비서관들이 써올린 대통령 연설문을 수정하며 거의 다시 쓰다시피 했다. "이 수석은 부하의 초안을 '친애하는 국민 여러분'이라는 첫 문장과 '감사합니다'라는 마지막 문장만 빼고 다 고친다"고 악명이 높았다.

오후 6시 공식 업무시간이 끝나면 그는 초안을 쓴 담당 비서관을 데리고 청와대 인근 청진동 등에서 저녁을 먹고 사무실로 복귀한다. 모든 전화를 사양하고 사무실 냉장고에서 당뇨병의 인슐린 주사를 직접 팔뚝에 주입한 후 초안 작성 비서관을 앉혀 놓고 연설문을 다시 쓰기 시작하면 밤 12시를 훨씬 넘기기가 다반사였다. 새벽까지 쓰다가 해장국을 먹으러 다시 나오곤 했다. 컴퓨터는커녕 워드 프로세서도 아니고, 메모리 기능도 없는 타자기만 있던 시절 여직원이 타자를 치기 위해 밤새 대기했다.

이 수석이 몽블랑 펜이나 싸인 펜으로 끄적인 글과 초안에서 살아남은 구절을 가위로 오려 군데군데 스테이플러로 찝은 연설문은 넝마 같았다. 필자야 통역이 전공이라 몇 번 불려가지 않았지만 지원군으로 참여한 하루는 이 수석이 줄담배를 피우며 "내 목은 굴뚝"이라 푸념하던 기억이 난다.

1991년 유엔 연설문에서 "대포를 녹여 쟁기를 만드는 날"이라는 문구를 위해 몇 번이나 고쳐쓰던 기억도 있다. 메모리 기능도 없는 타자를 치던 여직원이 새벽에 실수로 밤새 친 내용이 다 날아가버린 것을 발견하고 마구 울던 기억도 난다. 어쨌든 노태우 대통령은 연설 내용에 큰 신경을 썼고 이수정 수석을 신뢰했다. 그를 승계한 서울대 정외과 출신의 김학준 수석은 그런 고생은 사서 하지 않고 적당히 연설문을 써냈다.

2003년 청와대를 접수한 상도동 세력은 나와는 다른 언어를 쓰고 있었다. 동아일보 출신의 이경재 첫 공보수석은 민주 투사의 언어를 구사했고 연설문도 그렇게 썼지만 이수석만큼 문장에 집착하지는 않았다. YS도 선이 굵은 연설을 원했지 문장을 일일이 따지지는 않는 듯했다. 해군사관학교 졸업식 축사에서는 "나는 걸음마보다 수영을 먼저 배웠다"는 문장을 꼭 넣어달라는 식이었다. 내가 다른 언어를 쓰는 청와대를 떠나게 된 후에는 대통령 연설에 대한 나의 관심도 멀어지기 시작했다.

이수정 수석은 1940년생으로 나보다 13살 선배지만 향년 60세로 너무 일찍 별세했다. 지병인 당뇨때문이 아니라 잠시 입원한 병원에서 폐렴에 감염되어 돌아가셨다 한다. MBC 전무로 있다가 연설을 중요시 한 노태우 대통령에 의해 공보수석으로 발탁되어 약 3년을 연설문 작성에 매몰되어 있다가 제2대 문화부 장관으로 1991년 12월부터 93년 2월까지 2년여 재직했다. 그의 전임, 초대 문화부 장관이 이어령이었다.

이 수석은 절대 큰 소리를 내지 않는 조용한 성격이었지만 차가운 지식인이었다. 모르는게 없는 사람으로 주위에서 허튼 소리를 하면 즉시 잘못을 지적했고, 부하 비서관의 어설픈 연설문 초안을 가차없이 '수정'했다. 그런 성격이 자신에게는 독이 되어 건강을 해쳤는지도 모른다. 어지간한 저서는 그의 성에 차지 않았다. 연설을 쓸 때, 그처럼 비서관들을 몰아붙이는 완벽주의가 나은지, 어느 정도는 놓아주면서 '좋은 게 좋은' 식으로 하는 게 나은지는 알 수가 없다. 전두환 대통령의 공보수석이었던 필자의 이종사촌 형인 최재욱은 동아일보 기자 출신으로 명문장가였지만 연설문을 쓸 때 이수석 만큼 까다롭지는 않았다고 한다. 그래서인지 1983년 아웅산에서 머리 위로 폭탄을 맞았지만 아직 건강하게 생존해 있다. 76세다. 이 수석의 명복과 최 수석의 장수를 빈다.

김대중에 이어 노무현 대통령의 연설문을 쓴 강원국씨는 2014년 [대통령의 글쓰기]. [회장님의 글쓰기]라는 두 권의 저서를 냈고, 그의 뒤를 이어 노무현의 말씀을 썼던 윤태영 부속

실장은 금년 8월에 [대통령의 말하기]라는 저서를 냈다. 지난여름 이 3권의 책을 모두 독파했는데 배울 점이 많았다.

필자가 2014년 5월 모 일간지에 [우리나라에 名연설이 없는 이유]라는 글을 기고한 바 있는데 위 두 사람이 읽었다면 섭섭했을 것이란 생각이 든다.

다만, 노무현 대통령의 말과 연설은 아무리 내용이 좋고 혁신적이라고 해도 표현방식이 시인 고은이 꼬집었듯이 "대통령스럽지 못한" 것이 문제였다. 특히 그의 경상도식 억양과 적나라한 말투는 필자도 큰 거부감을 느껴 그의 삶의 방식마저 받아들일 수 없게 했다. 지난 여름 위 세권의 책을 독파한 후에야 노무현 대통령의 명복을 빌 수 있게 되었음을 밝힌다.

대통령의 리더십(2017. 1. 17)

오늘 오전 11시, 오바마가 고향인 시카고에서 한 마지막 고별 연설을 실시간으로 시청했다. "미국은 멋진 민주국가였습니다." 끝에 자신의 가족과 바이든 부통령을 언급하는 장면이 가장 인상 깊어 나도 눈시울을 붉혔다.

Maybe you still can't believe we pulled this whole thing off.
Let me tell you, you're not the only ones.
Michelle...

Michelle LaVaughn Robinson of the South Side...
... for the past 25 years you have not only been my wife and mother of my children, you have been my best friend.
You took on a role you didn't ask for. And you made it your own with grace and with grit and with style, and good humor.

You made the White House a place that belongs to everybody.
And a new generation sets its sights higher/because it has you as a role model.

You have made me proud, and you have made the country proud.

Malia and Sasha...

... under the strangest of circumstances you have become two amazing young women.

You are smart and you are beautiful. But more importantly, you are kind and you are thoughtful and you are full of passion.

And...

... you wore the burden of years in the spotlight so easily. Of all that I have done in my life, I am most proud to be your dad.

To Joe Biden...

... the scrappy kid from Scranton...

... who became Delaware's favorite son. You were the first decision I made as a nominee, and it was the best.

Not just because you have been a great vice president, but because in the bargain I gained a brother. And we love you and Jill like family. And your friendship has been one of the great joys of our lives.

대통령의 말씀이라는 면에서 아카데미 시상식에서 수상자들이 하는 소감보다 더 감동적이다.

2011년 5월 1일, 미국은 오사마 빈라덴 사살 작전인 '넵튠의 창'을 시행했다. 미 중앙정보국(CIA)이 주도하고, 미 해군의 대테러 특수부대인 네이비실이 수행한 이 작전은 대원들의 헬멧에 달린 카메라를 통해 직접 백악관으로 생중계됐다. 오사마 빈라덴의 암호명은 '제로니모' 였다.

넵튠의 창 작전 며칠 뒤, 당시 백악관 상황실의 모습을 찍은 사진이 공개되면서 사람들의 이목을 끌었다. 버락 오바마 대통령이 백악관 상황실의 가운데 자리가 아니라 구석에 놓인 접이식 의자에 앉아 심각한 표정으로 작전 화면을 바라보고 있었다. 가장 가운데에 놓인 '대통령용' 의자에는 마셜 웹 합동특수전사령부 부사령관이 앉아 지시를 내리고 있었다. 이 사진은 실무자에게 가장 중요한 권한을 부여하는 오바마 대통령의 리더십을 단적으로 보여준다는 평가를 받았다.

대통령이 가운데 자리가 아니라 구석에 놓인 접이식 의자에 앉아 상황을 귀동냥하는 모습…. 이것이 민주 정부요, 민주국가이다. 대통령의 권위에 맹종하는 '의전'만 중시하다가 망해버린 최근의 국내 상황을 보면서 우리는 언제 오바마 같은 대통령을 가질 수 있을까 한숨이 깊어지는 오늘이었다.

통역기, 인간의 언어를 넘보는가
- 인간이 절대 우위를 지킬 수 있나

통번역사가 없어진다고? (2016. 4. 13)

알파고의 충격이 인공지능에 대한 관심을 높여 몇 년 후 없어질 직업을 예견할 때 단골손님이 되는 분야 중 하나가 통번역이다. 바둑 게임은 경우의 수가 우주의 원자 수를 합친 것보다도 훨씬 많아 결코 기계가 인간을 이길 수 없을 것이라던 예상이 깨어졌다. 통번역의 대상이 되는 인간의 말은 과연 경우의 수가 몇 개나 될까?

최근까지 기계가 인간 통번역사를 대체할 수 없다는 주장의 근거는 기계란 것이 문맥을 알 턱이 없고, 기계는 인간과 달리

자체 수정능력이 없다는 것이었다. 그러나 알파고는 바둑의 맥락을 파악하고 인간의 영역인 직관의 능력까지 갖출 가능성마저 보여주었다. 번역은 이미 보조 기계가 크게 발전해 국내외 업체들이 개발, 운영하는 초벌 번역기가 인간 번역사의 작업을 쉽게 해주고 있으니 다음은 통역 차례라고들 한다.

기계가 인간의 말을 실시간으로 통역하려면 우선 각자 다른 인간의 음성을 인식해 문자화하고 둘째 그 말을 번역한 후 셋째 그 번역문을 다시 소리로 만들어 내보내야 한다. 기술적으로 이 3단계가 모두 아직 완벽하지 못한데 특히 두 번째 번역 단계가 영원히 완벽해지지 못할 이유는 많다.

통번역의 본질은 커뮤니케이션이며, 언어는 소통이다. 그런데 기계 통번역은 경우의 수 '통계학의 확률'로 계산하는 기계학습을 기반으로 하기 때문에 인간 통번역사를 대신할 수 없다. 통번역이란 전문성과 식견을 갖춘 전문가도 글쓴이, 혹은 연사의 의도와 두 언어 간의 문화적 차이를 고려해 고심하며 단어를 골라 옮기는 작업이다. 이런 절차 없이 기계적으로 통계적 확률에 따라 단어를 맞추는 자동 통번역은 아무리 기술이 진보해 효율성과 정확성이 높아지더라도 근본적인 한계를 안고 있다.

24개 언어를 통역하는 유럽연합에서도 통역사들이 통역기계와 인공지능에게 자리를 빼앗길 수 있음을 우려하고 있다. 그런

데 당장 통역사의 밥줄을 위협하는 것은 따로 있다. 즉 영어가 급속으로 세계공용어가 되는 현실이다. 영국은 물론이고 스칸디나비아 국가들에서는 모든 회의를 영어로만 진행하고 있어 통역이 필요 없다. EU에서도 최근에는 대부분 회의를 영어, 불어, 독어, 스페인어 중 2-3개 언어로만 진행해 나머지 20개 언어 통역사들의 일감이 없어지고 있다. 올해 일본에서 열리는 G7 각료회의는 달랑 영어와 일본어로만 통역된단다. 이제 같은 회의가 한국에서 열리면 영어와 한국어로만 통역될 것이다.

이런 추세는 유럽 각국의 고등교육에도 직접적인 영향을 미치고 있다. 즉 영어가 세계공용어가 되고 있으니 학생과 학부모가 모두 "중급 정도의 영어만 하면 세상 사는 데 지장이 없을 것"이라며 영어만 적당히 공부하면서 대학에서 외국어 이외의 전공을 택하고 있다. 이제 각국은 모국어와 영어 사이의 통번역에만 집중할 것이다. 다른 외국어에는 신경 쓸 필요가 없다.

그렇다면 통번역 학교도 필요 없고 통번역이라는 직종도 사라질 것인가? 구글 창업자 에릭 슈미츠는 "통역사가 5년 안에 사라져 바벨탑이 무너질 것"이라 했다지만 그렇지 않을 것이다. 바둑은 인간이 발명했지만 말은 태초에 신이 만든 것이다. 알파고는 인간을 이겼지만 통역 기계는 신을 이겨야 한다.

통역사들은 기계보다 인간적이고 정감 있는 통역을 제공하면서 기계가 영원히 해결할 수 없는 소통의 벽을 깨부수면서 인공지능 시대에 적응해 갈 것이다. 에릭 슈미츠의 예언은 틀린 것으로 판명될 것이다. 통번역은 없어지지 않을 것이고, 우수한 통번역사는 계속 꼭 필요한 존재로 세상에 남을 것이다.

AI 번역기계 과대 선전 자제하라

(2017. 8. 25, 조선일보)

지난 2월 모 대학에서 열린 인간 대 AI 번역 대결에서 인간 번역사들이 압승 판정을 받은 결과가 나온 후에도 인공지능 번역 회사들은 연일 자사 자동번역기의 발전상에 대한 과장 홍보를 계속하고 있다. 아침에 눈을 뜨면 하루가 멀다 하고 "우리 번역기가 이만큼 발전했네, 어느 자동번역 기계에 도전장을 내밀었네"라는 홍보 기사가 잇따르고 있다. 내년 2월 평창 동계올림픽의 통번역을 책임진다고 장담하는 회사도 한 둘이 아니다. 그런데 국제 체육대회 행사의 안내 통번역이나 하려고 대학에서 외국어를 전공하거나 통번역대학원에 진학하는 학생은 없다. 그 회사들의 무분별한 선전이 나라의 외국어 교육과 그 중요성에 대한 사회의 인식을 크게 흔들고 있다. 그냥 두면 대학의 어문학과가 정원미달이 되고, 그 어렵다는 통번역대학원의 경쟁률도 뚝 떨어질지 모르겠다.

인간의 언어란 체스와 바둑과는 차원이 다른 인간 지능의 최고영역이다. 인간의 말에는 바둑보다 훨씬 많은 경우의 수가 존재한다. 각자의 모국어 수준도 다 다르기에 모국어로 대화할 때도 오해가 생기는 경우가 허다하다. 내가 모국어로 얘기할 때와 외국어로 할 때가 다르고 상대방도 마찬가지다. 그럼에도 4차 산업혁명 시대에는 번역기가 아무 문제 없이 의사소통을 대신해 줄 것이라는 예단이 계속되고 있다. 이는 AI 회사들이 자사의 번역기를 과대 선전하는 것을 언론이 그대로 보도하고 있기 때문이다. 외국어와 통번역에 대한 깊은 성찰 없이 "우리를 괴롭히던 외국어 문제가 사라지고, 비싼 대가를 요구하던 전문통번역사들은 할 일이 없게 되어 쌤통"이라고 하는 듯한 분위기가 계속되고 있다. 작년 방한한 미국의 모 인터넷 기업의 회장은 자신을 통역해 준 전문통역사에게 "수고했지만, 당신 직업은 곧 사라질 것"이라고 위로 아닌 위로를 해주고 갔단다. 필자라면 "통역사 직업이 사라지기 전에 인터넷 기업 회장직이 먼저 사라질 것"이라고 했을 것이다.

자동번역회사 마케팅 부서들이 밀어붙이는 비정상적 과잉홍보는 2008년 글로벌 금융위기를 촉발한 자산붕괴 현상을 연상시킨다. 세상의 모든 사람이 단추 하나만 누르면 즉시, 무료로, 완벽한 번역을 얻을 수 있다는 메시지를 보냄으로써 인간 번역의 가치와 입장을 근본적으로 흔들고 있다. 모두가 자기 집을 가질 수 있다는 헛된 기대가 비우량 주택담보 대출을 불러와 세계금융을 붕괴시켰던 것을 상기하자. 통번역 전문가들은 대기업들이 돈을 쏟아붓는 홍보의 파도 속에서 자신들의 소박한 입장과 주장을 전달하지도 못하고 냉가슴을 앓고 있다. 이대로 좋을까?

그 골치 아픈 외국어 공부를 더 이상 하지 않아도 된다는 희망에 기대어 많은 젊은이들이 외국어 학습을 등한시하고 세계어가 된 영어의 중요성마저 인정하지 않을 기세다. 정보화 시대에 우리가 인터넷을 통해 얻는 정보의 90% 이상이 영어로 나오는데 완벽하지도 않은 인공지능의 영어 번역만 믿고 오류 가능성이 있는 정보를 간접 취득하는 사람과 자신의 탄탄한 영어 능력을 바탕으로 정보를 직접 취득하고 분석해 순간적으로 처리하는 사람 중 누가 이 사회를 이끌겠는가? 당신의 자식이라면 어떤 방향으로 인도할 것인가?

번역기계가 발전시키고 있는 자동 번역의 바탕이 된 기존 번역의 빅 데이터도 결국 인간이 오랫동안 해낸 번역물들이다. 기계의 번역은 빙산의 일각이고, 그 밑에는 기계번역을 발전시키기 위해 번역회사들이 고용한 관련 기술 전문가들과 홍보 전문가들에 대한 막대한 투자가 숨어있다. 그 전에 기계번역 결과물 밑에는 외국어와 문화간 차이를 메우기 위해 수십 년을 투자한 수많은 외국어 전문가들의 시간과 노력의 역사가 있음을 간과하지 말라. 그 빙산의 9각을 자신들이 만든 기계를 과장 선전해 헐값에 매도하지 말라. 아무리 인공지능이 발전해도 인간의 말에는 기계번역이 못 미치는 부분이 분명히 존재함을 알면서도 눈 가리고 아옹 하지 말라. 비우량 주택 담보 대출이 무분별한 자산 금융 거품의 파생상품이었듯이 인간 번역의 파생상품인 기계번역이 과도한 선전 끝에 거품처럼 꺼질 날이 오지 않도록 모두 자중해야 할 것이다.

인간 대 기계 번역대결 행사, 이제는 말할 수 있다. (2018년 1월 15일)

2017년 2월, 우연히 신문을 보니 인간 대 기계 번역대결 행사가 벌어진다고 했다. 모 사설 통번역협회에서 2월 21일 어느 사설 사이버대학에서 행사를 연다고 해 문의했더니 나보고 심사위원장을 맡아달라고 했다. 생각해보겠다고 전화를 끊은 후 고민에 빠졌다. 동료 교수들한테 자문을 구하면 괜히 구설수에 오르지 말라고 만류할 것이고, 그래서 심사를 안 하겠다고 하면 통번역이 전공이 아닌 주최자들이 행사 후 어떤 결론을 내릴 지를 모르는 일. 알파고의 충격 이후 "번역도 벌써 기계가 인간을 이기고 있다"는 어설픈 결론이 보도된다면 전문 번역사들의 입지가 더 흔들릴 것이 뻔했다. 그렇게 놔둘 수는 없었다. 주최 측에 전화해 "내가 심사위원장을 맡되 출제와 인간 번역사 선정에 개입하게 해달라"는 조건을 내걸었고 그러라고 해서 행사준비를 시작했다.

당시 나의 신념은 광풍처럼 몰아치는 AI 번역의 발전이 전문 번역사가 보기에는 '애들 장난'에 불과하고 기계번역은 외국어 전문가가 아닌 일반 대중을 목표로 성장하고 있을 뿐이라는 것이었다. 그래서 그런 진실을 뚜렷이 보여주기 위해 출제와 인간

번역사 선정에 착수했다. 문제는 일반(정치 경제), 문학, 기술 분야의 4개 부문으로 나누고 이에 맞는 전문 번역사 4명을 내가 회장으로 있던 한국통번역사협회(KATI)에서 선발했다. 번역사들은 나의 취지에 공감해 교통비 정도만 받고 참가해 최선을 다하겠다고 했다.

21일 오후에 시작된 시합은 인간 번역사들의 압도적인 승리로 싱겁게 끝났다. 당연한 결과였고, 기계의 우세는 번역에 소요된 시간뿐이었다. 주최 측과 수많은 기자들 앞에서 심사위원장 자격으로 결과를 발표할 때 내 목소리는 떨리고 있었다. 그럴 것이 알파고 이후 처음으로 한국 사회에 "바둑과는 달리 번역은 아직 결코 기계가 인간을 이길 수 없다"라고 선언하는 순간이었기 때문이다. 대결에 참가한 3개 기계번역 회사들의 순위는 비밀에 붙였지만 세상에 비밀은 없는 법. 번역 기계중 누가 2등이냐를 놓고 싸움이 벌어졌다. 나는 23일 학술대회 발표 차 홍콩으로 출국했기 때문에 언론의 확인 취재 경쟁을 피할 수 있었다. 번역 회사들의 거친 항의를 받은 주최 측은 "대결 결과를 아는 사람은 심사위원장뿐인데 해외에 있어 확인이 불가능하다"고 둘러댔단다.

행사 후 1년이 가까워오는 지금까지 나의 심사는 옳은 것이었음이 속속 드러나고 있다. 국내의 기계번역 개발 책임자들도 사적으로 만나면 "현시점에서 기계번역은 전문 번역사들 수준이 목표가 아니라 아마추어 일반 대중의 수준을 목표로 하고 있으며 그나마 그런 수준에 달하는 데도 8년 이상이 걸릴 것"이라고 고백한다. 특히 세계에서 가장 앞서고 있는 구글의 번역 총괄 연구원 마이크 슈스터도 최근까지 "AI가 인간 번역가 대체하기는 힘들다. "번역기가 번역사를 대체하는 날은 오지 않을 수도 있다. 인공지능이 사람 마음까지 읽어내기는 어렵기 때문"이라고 토로하고 있다. 그는 이어서 "언어는 단순히 도구가 아닌 소통을 완성시키는 그 이상의 것이다. 가령 AI가 인간을 상대로 체스나 바둑에서 이길 수는 있다. 하지만 인간과 인간이 대국을 통해 느끼는 즐거움을 AI는 습득하기 어렵다. 인간은 언어를 학습하면 언어 이상의 것을 배우고, 서로 무언가를 나눈다. 언어는 도구 이상이다. 인간은 언어를 통해 생각을 정리하고, 언어가 상징하는 문화를 소화한다. AI 번역은 완벽해지려면 아직 갈 길이 멀다."라고 덧붙인다.

내가 21일 행사의 심사위원장을 맡지 않고 문외한들에게 미뤘다면 국내에서 어떤 혼란이 빚어졌을까를 생각하면 지금도 아찔하다. 물론 기계번역의 발전 속도는 무서울 정도로 빠르지만 번역회사들의 과대 선전보다는 훨씬 많은 시간이 걸릴 것이고 그동안 전문 번역사들은 번역기계의 장점을 흡수해 상생하는 길을 찾을 것이다. 역사적으로 모든 분야가 그러했듯이…

고유명사 영문(英文) 표기 외국인의 이해를 돕는 게 목적(2015. 7. 24, 조선일보)

지난 7월 10일 자 박영원 우리 어문학회 고문의 독자 의견 [생각해 봅시다] "고유명사 英文 표기 원칙 좀 더 신중해야"라는 글을 읽고 그 원칙 수립에 지난 2010년부터 참여해온 사람 중 하나로 가만있을 수 없어 펜을 들었다. 우선 이 정책은 수립 단계에서부터 매우 신중한 접근을 했다. 약 5년 전 시작된 추진 과정에서부터 문제점이 드러나면 수정을 거듭했다. 각계의 자문위원, 문화재위원과 문화재청의 전문가들이 모여 공청회, 전문가검토회의, 주한 외국인토론회, 불교전문가검토회의와 유관기관검토회의를 했던 기억이 새롭다.

이번에 문체부가 내놓은 통일안에서 문화재명을 로마자(음역)+속성(의미역) 번역으로 한 것은 외국인에게 우리말 명칭을 알리는 동시에 외국인의 이해를 도모코자 한 것이다. '한강'을 'Hangang'으로만 번역하면 우리말을 모르는 외국인은 강이라는 것을 인식할 수 없다. 2015년 3월 문체부에서 실시한 설문조사의 결과를 반영한 것이 외국인에게 우리 문화의 작명을 맡긴 격이라 하나 영문 표기의 주 사용자인 외국인 관광객의 이해를 돕는 것이 목적이므로 그들의 선호도를 반영하여 통일안을 정한 것은 타당한 것이다.

2012년 문화재청은 문화재 유형별 전문가 및 유관기관 검토회의, 대국민 공청회, 지자체 및 의견 수렴, 2015년 번역 표준화 관련 기관 협의 등을 통해 통일안이 마련했으므로 국내외 의견 수렴을 충분히 거쳤다고 할 수 있다. 외국에서도 자국의 문화재나 자연지명을 영문으로 표기할 경우 고유어 명칭에 속성 번역을 덧붙인 사례가 많다. 예를 들면 일본에서도 東大寺를 Todaiji Temple(도다이지 절), 荒川을 Arakawa River(아라카와 강), 渡月橋를 Togetsu-kyo Bridge(도게쓰 교)로 쓰고 있다.

속성번역을 사족이라고 느끼는 것은 한국어를 아는 사람들에게만 그렇고, 대부분의 외국인은 속성 번역을 통해 한국어와 한국문화에 대한 이해의 폭을 넓힐 수 있다. 괄호 안에 속성을 표시할 경우 속성 표시가 아니라 전체 로마자 표기 부분의 별칭이나 다른 이름으로 오해할 소지가 있으며 영미권에서 괄호는 매우 제한적으로 사용되기 때문이다.

지난 5년간 이 작업에 동참하면서 느낀 것은 한국어 명칭을 영어로 옮기는 데는 모두가 동의하는 정답이 있을 수 없다는 것이다. 보는 사람의 소속, 경력, 전공 분야 등에 따라 시각과 견해가 다 다르다. 현시점에서 최선책이 없다면 차선책에 만족해야 한다. 우리나라가 더 강국이 되어 한국어를 아는 외국인이 늘어나면 '한강'은 'Hangang'으로, '경복궁'은 'Gyeongbokgung'으로 통일할 수 있을 것이다. 그러나 어찌 보면 신에 도전하는 인간들에게 벌을 주기 위해 그들을 모두 흩트리고 다른 말을 쓰게 했다는 바벨탑의 신화처럼 한국어의 영어표기는 영원히 정답을 찾을 수 없는 인간의 한계가 될 수도 있다.

지명 영문표기 기준, 유엔권고와 상충 안 한다
(2015년 8월 26일 한겨레신문)

'지명 영문표기, 유엔정책 따라야'에 대한 반론

'지명 영문표기, 유엔정책 따라야'를 읽고 반론을 편다. 이 글은 현재 국어의 로마자표기법에서 지명 표기 규정이 국제적 양식에 맞지 않게 되어 있는 상황에서 최근 문화체육관광부에서 발표한 영문표기 지침(안)이 영문법과 국제적 양식에 더 맞지 않게 되어 지명의 분류어 지위를 영어에 양보하고 우리말 분류어를 사라지게 하고 있다고 했다.

첫째, 한강을 Hangang River라고 표기하면 Hangang이 고유어, River는 분류어로 분석되는데 고유어 자리의 Hangang은 고유어 Han과 또 하나의 분류어 gang을 포함해 영문법과 국제적 양식에 맞지 않는다고 했다. 그러나 Hangang River에서 분류어가 이중이라고 하려면 '강(gang)'이 무슨 뜻인지 안다는 전제가 있어야 한다. 모든 외국인이 Han이 고유어이고 gang이 분류어임을 알 것이라고 기대하기는 어렵다. 우리 지명의 영어표기 목적은 우리말 지명을 보존하면서도 외국인들의 이해를 돕는 것이다. 한강(Hangang River), 경복궁(Gyeongbokgung Palace) 표기에 쓰인 River와 Palace는 그것이 어떤 성격의 장소인지 간략한 설명을 덧붙인 것이다.

둘째, 한강을 Hangang River로 하면, 한글로 역변환 시 한강강으로 되어 원천어 한강으로 복원되지 못해 이중 분류어 영문 표기 방식의 구조적 오류를 의미한다고 했다. 그러나 굳이 우리 지명을 영문 표기만을 기준으로 역변환하는 경우를 고려해야 할까? 어떤 표기방식이든 Hangang River를 "한강강"으로 변환하듯 기계적으로 다른 언어로 변환할 수는 없다. 그래도 역변환의 경우를 고려한다면 설명어 해당 부분만 삭제하면 쉽게 역변환할 수 있다.

Han River와 같이 분류어 해당 부분을 생략할 경우 더 많은 문제가 일어난다. 우리 지명에는 한강이나 남산 등 고유어와 분류어가 일대일로 단순 연결되는 경우만 있는 게 아니다. 예로, '~대(臺)'가 들어간 지명 중 "탄금대"는 하안단구이고, "수승대"는 너른 바위이며, "경포대"는 누각이다. 그리고 우리나라 전통 누정의 이름에는 "광한루", "송강정"과 같이 주로 '~루(樓)'와 '~정(亭)'이 쓰인다. 한강을 Han River로 표기한다면, "경포대"는 "Gyeongpo Pavilion"이 되고, "송강정"은 "Songgang Pavilion"이 된다. 또 영문 표기만 보고 원래의 국문 이름을 복원하기는 더 어렵다.

셋째, 유엔지명전문가그룹(UNGEGN)에서 중국에서는 西平

山(시핑산)을 Xiping Mountain 혹은 Xiping Shan으로, 일본에서는 富士山(후지산)을 Fuji San으로, 東京灣(도쿄완)을 Tokyo Wan으로 표기하기로 했다고 했다. 그러나 최근에는 유엔에서도 국가마다 표기방법이 다름을 인식하고, 각국의 지도 지명표기 지침을 제출하도록 했다고 한다. 현재 43개국이 제출한 지침을 보면 지도상 표기에 관한 국제 원칙은 '속성 부분을 번역하지 않고 모두 로마자로 표기하는 것'이다. 그런데 문화재청이나 국립국어원의 영문표기 지침을 보면 Gyeongbokgung Palace, Hangang River로 하는 것을 원칙으로 하되, 도로표지판이나 지도 등 용처의 특성에 따라 속성 번역에 해당하는 부분을 생략할 수 있도록 했다. 따라서 현재 기준은 국내 사용 현황과도 맞고 유엔 권고안과도 상충하지 않는다.

인공지능 시대,

인간 통역 40년을

돌아보다

INTERPRETER

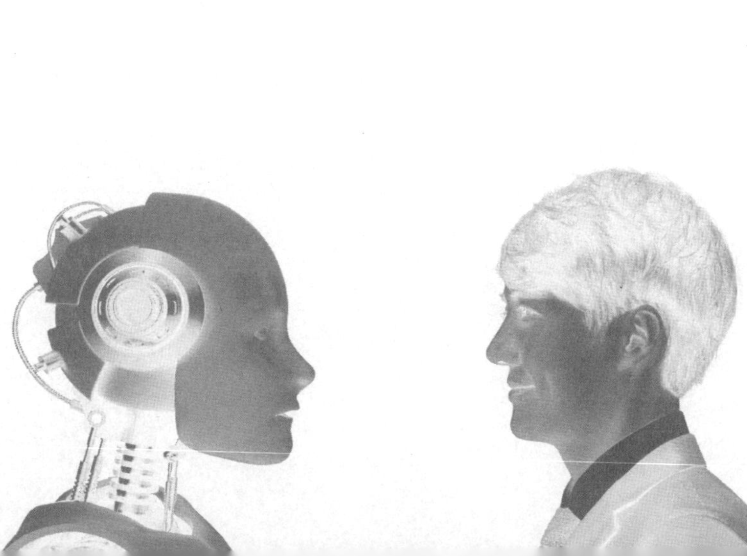

내 인생의 전기(轉機)들

군 복무가 내 인생을 바꾸다(2014. 08. 07)

윤 일병 구타 치사 사건 때문에 나라가 시끄럽다. 세월호의 기억이 아직도 우리를 괴롭히는데…

윤 일병 사건은 나의 군 생활을 돌아보게 한다. 대학 2학년 2학기, 미팅이다 야유회다 정신없이 놀던 차에 '영장'이라는 것을 받고 보니 정신이 번뜩 들었다. 올 것이 왔구나. 고향의 아버님은 고시 공부하라고 노래를 부르시는데, 아무 공부도, 아무런 장래 계획도 세워놓지 않았는데 군대에 가야 한다니, 눈앞이 캄캄했다. 그런 가운데 선배들한테 들은 군대 얘기 중 대학을 가지 않은 어린 병사들이 먼저 입대했다는 이유만으로 대학 다니다 입대한 후임들을 괴롭힌다는 소문은 내 자존심을 흔들었다. 사병으로 입대해서는 안 되겠다는 결심을 했고, 자연스레 학군단, 즉 ROTC 지원 쪽으로 방향을 잡았다.

캠퍼스에서 교복에 모자를 쓰고 선배들에게 큰 소리로 "충성!" 하면서 주위 학생들을 놀래키는 '바보티시'는 싫었지만 졸병으로 입대해 어린 선임들한테 당하는 것보다는 낫다고 지위했다. 무시무시한 논산훈련소보다는 자유스러운 캠퍼스에 2년 더 머물 수 있다는 안도감도 있었다.

물론 캠퍼스 내에서의 군사훈련도 쉽지 않았고 학군단 건물 지하에서의 내무 생활도 힘들었다. 특히 무더운 여름 방학 동안 군용 열차를 타고 실무 부대로 가는 야영훈련은 땀이 많은 내게는 공포의 대상이었다. 물론 4학년 선배들에게도 많이 맞았고 야영훈련에서는 대위급의 구 대장들한테도 숱하게 맞았다. 그러나 그런 것은 참을만했다. 동료들도, 구 대장도 다 같은 장교라는 자부심으로 행동했으므로 자존심의 상처는 받지 않았기 때문이다. 4학년이 되어서는 여유도 생겨 교내 영어연극의 주인공 역할도 했다. 재미있었다.

4학년 때 치른 통역장교 시험에 합격해 2월 대학 졸업 후 김해의 공병학교로 내려간 나는 첫 한달 동안은 후회도 했다. 훈련이 체력적으로 아주 힘들고 학군단 출신 선배 장교들의 구타가 견디기 어려웠기 때문이다. 덩치가 큰 나는 훈련소의 세끼

식사량이 너무 적어 배가 고프기도 했다.

매일 밤 10 킬로미터를 뛰는 소위 3천 리 구보를 한 지 석 달이 지나자 내 몸은 날듯이 가벼워졌고, 주말 휴가 때는 부산의 남포동 거리를 호기롭게 누비고 다녔다. 넉 달이 지나고 나는 몇몇 대학 동기들과 함께 서울 근처 성남에 있던 행정 학교의 영어 교관으로 배치되어 휘파람 불며 서울행 기차를 탔다. 서울에서 전투복 아닌 정복을 입고 군용 출퇴근 버스를 타고 모교가 있는 동네 하숙집에서 출퇴근했고 퇴근 후에는 모교의 연수원에서 불어를 배우기도 했다. 6개월 후 영어 교관 생활이 지루해졌을 때쯤에는 청와대 경호실에서 본 번역 요원 시험에 붙어 24세의 나이에 청와대에 근무하게 된다. 물론 그때도 내가 통번역사라는 직업을 가지게 될 줄은 몰랐다.

나는 소위에서 중위로 진급하는 1년 반 동안 한국 관련 외신 기사를 1주에 엿새씩 번역했고, 그것이 통번역사가 되는 기초를 닦아주었다. 말리는 경호원들의 팔을 뿌리치고 전역해 현대건설에 취직했더니 통 재미가 없었다. 번역이 더 재밌는 일임을 깨달은 것이다. 만류하는 현대 상관들의 제지를 뿌리치고 모교에 설립된 통역대학원의 1기로 입학했다. 돌이켜보니 군대가 내 직업을 정해준 것이요, 나라가 학군단이라는 제도를 통해 나의 인생 방향을 잡아준 것이다. 내 군 생활은 너무 특별해서 일반

화할 수 없다고 하더라도 "사병으로 군대 가 인간 이하의 대접은 받지 않겠다"는 나의 약간은 비겁하지만 정당할 수 있는 자존심이 나를 살린 것이다.

Roger Leverrier를 추모함(2011. 11. 01)

로제 르베리에. 한국 이름 여동찬. 지금은 기억하는 이가 많지 않지만 20년 전까지만 해도 그는 원조 이다도시 + 로버트 할리로 유명했다. 프랑스 사람으로 경북 안동 사투리를 썼기 때문이다. 어제 외대 본관 3층 불어 학과 방에 차려진 그의 빈소에서 만난 불어과의 박시현 교수는 그가 1928년생, 84세를 일기로 고향인 프랑스 브르타뉴 노르망디에서 지병인 전립선암으로 돌아가셨다고 했다. 오늘 막 장례를 치렀다고 프랑스에서 안식년 중인 윤석만 교수가 알려왔단다. 아침 출근길에 문자로 받은 그 부고는 내게도 많은 추억을 떠올리게 했다.

그는 20세도 안된 나이에 가톨릭 사제로 프랑스에서 안동에 와 경상도 사투리를 우리보다 더 잘했다. 속세로 돌아와 외대에서 30년이 넘도록 불어를 가르쳤다. 넘치는 위트와 유머로 그의 강의는 항상 웃음과 활기로 넘쳤다. 수업도중 껌을 씹는 여학생에게는 "00야, 껌 삼켜! 삼켜!"라고 소리쳤다. 가끔 TV에 나와 구수한 사투리로 한국을 이야기할 때면 시청자들의 입가에 웃음이 번지곤 했다.

내가 그를 처음 만난 것은 1979년 여름 통대 1기에 응시했을 때 불어 면접에서 서툴게 외운 불어로 몇 마디 답변했는데 그가 “저 학생은 끼가 있다. 지금은 불어를 잘 못 하지만 통역사 재목이다"라고 강변해 나를 한영불과에 4등으로 입학시켰음을 나중에 알았다. 9월에 입학해 약 1년 동안 그의 불어 수업을 들었는데 영어 외에 덤으로 해야 하는 불어가 더 어려웠지만 나는 포기하지 않았고 그도 나를 포기하지 않았다. 1980년 1학기에 치른 유학 시험에서 그는 또 내게 후한 점수를 줘 1등으로 국비 장학금을 받고 파리 ESIT로 가는 데 큰 역할을 해주었다.

출국 전인 9월 3일 결혼에 나는 그를 주례로 모시고 싶었지만 보수적인 양가 부모님이 반대한다니까 “내가 양놈이니까 그렇지! 괜찮다. 다른 분을 모셔라”고 흔쾌히 대답하셨다. 그 시절 그는 동양화가 박정자 여사와 늦 결혼했는데 처가 댁에서도 “내가 양놈이라 처음에는 반대했다”고 농을 하셨다.

유학 중인 파리에서도 선생님이 서울에서 오시면 몇 번이나 만나 뵙고 한국 식당에서 식사를 같이했다. 공부가 힘들다고 징징대면 “할 수 있다”고 끝까지 격려하셨다. 3년 후 졸업시험에 통과해 귀국했을 때 자기 일처럼 기뻐하시며 “내가 넌 된다고 했잖아, 끼는 못 속인다"고 하시며 프랑스 정방교회 자료 번역 일을 주시기도 했다. 내가 1983년 아웅산 사태, KAL기 피격 등 뉴스로 TV에 동시통역으로 나오면 "잘 봤다"고 말씀하셨다.

나는 그 어느 한국 스승보다 그를 존경했고, 은혜를 갚고 싶었다. 1988년인가 부인 박정자 여사의 개인전에서는 "미시령의 여름"이라는 작은 풍경화 작품을 들여왔고 프랑스에서 가족들이 서울 올림픽을 보러 오신다고 해서 구하기 힘든 개막식 풀 드레스 리허설 참관 표를 열 장 구해 드림으로써 작은 보은을 했다. "제자가 출세해 내 체면이 섰다"고 좋아하셨다. 올림픽이 끝나고는 힘든 사회생활에 자주 뵙지 못했지만, 항상 그에게 빚진 마음으로 살았다. 정년퇴직 후 돌아간 고향 노르망디 길가에 있는 그의 집에는 항상 태극기가 걸려 있었다던가?

어제 분향 실에서 만난 박시현 교수는 "그렇게 좋고 유명한 분이셨는데 세월이 너무 흐르고 나니 준비한 30송이 국화도 아직 남아있어 안타까웠는데 곽 교수가 늦게 와주니 다행"이라고 했다. 르베리에 선생님, 섭섭해 마세요. 많이 오면 뭐합니까, 선생님의 그 존재감을 아직 이리도 똑똑하고 강렬하게 느끼는 제자 몇 명만 있으면 되지요, 양보다 질 아닙니까?

하늘나라에서 편히 쉬고 계세요....

IMF의 추억과 실직 경험(2008. 12. 25)

번듯한 교수로 있는 내게도 실직의 경험과 반년이 넘도록 월급을 못 받은 과거가 있다고 하면 사람들은 놀란다. 1992년 말, 6공화국 노태우 대통령의 말기에 청와대 공보비서관(부 이사관급)으로 있던 나에게 모교의 통역대학원 원장이 "임기가 끝나면 모교 교수로 오라"고 제의했다. 기존 교수진이 반대할 것이라는 나의 우려에 "내가 원장이니 반대를 물리치고 임용될 수 있도록 하겠다"고 하는 바람에 다른 비서관들이 후일을 도모하는 동안 나는 손을 놓고 있었다. 그러나 임용 절차 끝의 결과는 10년 후배의 임용이었고 나는 정권이 바뀌는 데 오도 가도 못하는 낙동강 오리 알 신세가 되었다. 원장은 "미안하다"고 했지만 이미 엎질러진 물이었다.

김영삼 대통령이 청와대를 접수한 후 나는 공보 비서실 경제문고 담당 비서관으로 있었고, 다른 <언어>를 쓰는 <민주화 운동 세력> 틈에서 뻘쭘한 입장이었지만 달리 갈 곳이 없었다. 당시 김영삼 대통령 초대 공보수석 이경재 씨(한나라당 강화 출신 의원)는 "함께 일하자"고 했지만 나는 불안함을 감출 수 없었다. '청와대 앞길 개방' 조치로 사무실 가까이서 들리는 택시 엔진 소리에도 적응이 어려웠다. 세상은 바뀌어 있었다.

김영삼 대통령이 취임한 지 두 달이 넘어가던 1993년 5월 5일 어린이날, 관례대로 청와대 경내 녹지원에는 어린이들이 초청돼 대통령 부부와 기념행사를 시작하고 있었다. 출근하자마자 공보수석이 불러 가보니 "나는 곽 비서관과 함께 일하려 했으나 나보다 센 사람이 대기 발령을 낼 것"이라고 통고하면서 답답한 듯 사무실 천정만 올려다보고 있었다.

나는 짐을 챙겨 청와대를 나왔다. 집에 오니 가족들 볼 낯이 없고, 바깥으로 나와도 딱히 갈 데가 없었다. 자주 가는 작은 호텔 사우나에 가니, 바쁠 때는 좀 더 있고 싶었던 그곳에 한 시간이 지나니 할 일이 없었다. 실직자들이 산을 찾는다지만 등산도 해 본 놈이나 하지…

갈 곳을 수소문해 보니 정권 초기에 대충 인사가 끝나 내 직급에 맞는 자리는 없었다. 이경재 수석이 주선해 준 종합유선방송위원회의 관리국장 자리는 서기관 급이었지만 집에서 허송세월 하는 게 싫어 출근을 시작했다. 약 2주일의 백수 생활도 일중독자에게는 길었다. 경찰청 앞 순화동 사무실에 나가니 모든 게 낯설고 어색했다. 궁궐에서 저자 거리로 쫓겨난 기분이랄까.

저자 거리에서 술이나 마시는 나날을 보내던 중 "석사 학위나 하나 더 하라"는 가족의 권유로 야간에 제일 가까운 연세대의 언론대학원을 다니기 시작했고, 2년 후 취득한 석사 학위가 후일 모교에 임용돼 <언론학 박사>를 하게되는 계기가 될 줄은 그때는 몰랐다.

관리국은 처음 시작된 케이블 TV를 위한 프로그램 공급업자(PP)를 심사하는 일이 주무였고 나는 12월까지 그 업무를 총괄해 아무 문제없이 끝내고, 1994년 1월 PP 중 하나로 선정했던 뉴스 채널 YTN으로 또 자리를 옮겼던 것이다. 뒤숭숭한 세월에 직장에서 밀려났다는 사람들 소식을 들으면 그 때 생각이 난다.

IMF의 추억(2008. 12. 18)

최근의 경제위기는 필자에게도 90년대 말 IMF 구제금융 당시 기억을 떠올리게 한다. 당시 필자는 광화문에 있었던 신생 YTN 방송의 국제부장으로 근무하고 있었다. 1995년 취약한 재정으로 방송을 시작한 YTN은 금융위기가 찾아오자 광고 수익금 등의 격감으로 직원들 봉급마저 주지 못하게 되었다.

나이 50이 다되도록 열심히 살았는데, 24시간 뉴스 방송에 들어와 밤낮으로 뛴 결과가 기본급마저 못 받는 처지라니, 믿을 수가 없는 상황이었다. 설마 설마 하면서 하루하루 기다리다 보니 생활이 점점 더 어려워져 갔다.

사람이 부수입이 줄어들면 일부 지출을 줄이면 되지만 본봉이 나오지 않으면 한 마디로 <밥 지을 쌀을 살 수 없는> 처지가 된다. 가족들 보기가 민망해지는 단계를 지나 자신을 책망하는 <자괴감>이 엄습해 왔다. 회사 밖에서 만나는 사람들에게 심한 부끄러움을 느끼기 시작했다.

출근하면 오전 근무 후 부원들을 데리고 점심을 먹어야 하는데 부장의 판공비는커녕 월급을 받지 못하니 점심시간이 공포의 시간으로 다가왔다. 아내가 애써 들었던 적금을 해지하고 얼마간 사 모은 주식을 헐값에 판 돈 중 일부를 얻어 몇 달은 용돈으로 썼지만 6개월이 지나자 그마저 바닥이 났다. 위기 전 5,000원 하던 회사 앞 대구탕 값이 4,000원으로 내려갔지만 매일 열 명 가까운 국제부 근무 기자들 점심값 대기가 점점 더 어려워져 갔다.

필자는 마침내 사업을 하는 친구들에게 전화로 구조요청을 했다. "내가 이러이러한 사정이니 광화문에 나와 우리 부원들 점심이나 한 번 사주고 가라…" 다행히 친구의 처지를 딱하게 여긴 친구들이 찾아와 일주일에 며칠은 직원들 점심을 먹일 수 있었다. 어떤 친구는 저녁에 찾아와 야근하는 부원들 모두를 근처 고깃집으로 초대해 오랜만에 고기와 소주를 배불리 먹여

주기도 했다.

이제는 사업하는 친구들 명단도 동이 날 무렵, 또 다른 독지가를 찾던 필자에게 근처 경복궁 복원 사업을 하는 모 건설사의 현장 소장으로 있던 친구가 생각났다. 전화하니 왜 진작 알리지 않았냐며 건설 현장에 있는 함바집에 추가로 점심을 준비해 놓을 테니 직원들을 데리고 오란다. 옳다구나 여기자를 포함한 부원들을 데리고 경복궁 안 건설 현장으로 데리고 가니 함바집 아주머니가 특별히 과외로 도마질을 한 따뜻한 밑반찬의 달디단 점심밥이 기다리고 있었다. 배불리 먹은 직원들과 함께 친구와 아주머니에게 머리 숙여 인사한 후 가까이 있어도 찾지 못했던 경복궁을 산책하면서 우리는 "곧 봄이 찾아오겠지…"하며 서로를 위로했다. 건설 현장의 그 점심 맛과 친구의 따뜻한 정은 영원히 잊지 못할 것이다.

모든 고통에는 끝이 있는 법, Y 방송사는 1999년 초부터 적으나마 다시 직원들 월급을 주기 시작했고, 필자는 3월에 모교로 초빙되어 교편을 잡게 되었다. 방송을 시작하면서 꼬박 5년을 같이 고생했던 동료들을 떠나는 것이 미안했지만 월급이 나오지 않을 때 함께 했다가 월급이 다시 나오자마자 다른 직장으로 가는 필자를 보는 직원들도 필자에게 미안함을 느꼈으리라…

새 직장에 근무하면서 나이가 들어 퇴직하는 친구들을 만나면 기꺼이 밥을 사주는데 이번 위기로 더 많은 친구가 내게 연락해 주기를 기다린다.

제네바 통역학교 ETI의 추억(2004. 03. 05)

케리 미 민주당 대통령 후보의 부인이 유엔 사무총장인 코피 아난과 스위스 제네바의 통역대학원 동기생이고, 유엔 통역사로 일하던 1966년, 미래에 미국 상원 의원이 될 세계적 토마토 케첩 회사 집안의 외아들 존 하인즈와 결혼하면서 미국인이 됐다는 기사를 보고 스위스 통역학교 ETI 가 새삼 떠오른다.

우리 통역대학원 출신으로 ETI에서 수학한 사람은 둘이 있는데 현재 BK 사업단의 수주 담당 상임연구원으로 있는 최용웅 씨와 외대 불어과에 재직 중인 윤석만 교수다.

최용웅 연구원은 통역대학원 한불영과 1기(나는 한영불과)로 입학해 80년 9월 국비 장학금을 받아 제네바 통역학교(ETI)로 갔다. 그때 같이 갔던 후배가 외대 불어과의 윤석만 교수. 파리 통역대학원에는 나와 세 여학생이 함께 갔다. 당시 최형과 나는 기혼이라 부부 동반이었다.

도시와 학교는 다르지만 3개 언어 통역이라는 Mission Impossible의 어려움은 같았을 것.

낯설고 물 선 유학 생활에 어느 정도 적응했던 81년 12월 말 성탄 휴가를 맞은 우리 부부는 생긴지 얼마 되지 않은 TGV를 타고 제네바로 동료 유학생들을 찾아갔다. 제네바 호수(일명 레만호)의 공기는 속이 시릴 만큼 시원했지만 윤 후배는 모터 자전거 타고 가다 넘어져 다리를 심하게 다쳐 목발을 짚고 있었다.

최형은 우리를 같은 제네바 대학 기숙사에 투숙시켰는데, 그 기숙사도 파리 대학촌(Cite Universitaire)의 기숙사보다 훨씬 깨끗했고, 통역대학원이 있는 하얀 눈 속의 제네바 대학도 파리 대학들의 캠퍼스보다 훨씬 넓고 깨끗했다. 최형은 우리 부부를 중고 벤츠 자동차에 싣고 눈 쌓인 알프스의 몽블랑 등을 구경시켜주었다.

한 달 500 미불이라는 장학금이 부부 생활에는 모자라 최형은 제네바 유일의 한국 식당 <아리랑>에서 서비스 아르바이트(demi-debarasseur)를 하고 있었다.

성탄 이브에 최형 부부는 우리 부부와 윤 후배를 아리랑 식당에 초대했다. 식당은 성탄 휴가에 휴업 중이었고 한국인 주방장이 가난한 유학생들을 위해 냉장고를 열어젖히고 한껏 솜씨를 발휘했다.

1년 반 만에 눈으로 덮인 레만 호수를 배경으로 만난 통역대학원 1기생들은 오랜만에 먹는 고급 한식과 좋은 술에 취해가기 시작했다. 그리고 우리들의 이야기는 끝이 없었다.

거나하게 술이 오르자 우리는 한 사람씩 노래를 부르기 시작했다. 그때는 물론 기타 반주나 노래방 기계도 없었다. 한국에서도 기껏해야 젓가락 반주에 생 노래였기에. 신세대는 상상하기 어렵겠지만 생목소리로 애창곡의 가사를 2절까지 모두 외워 부르는 당시 우리들의 노래는 현재 화면에 뜨는 가사를 보면서 쉽게 부르는 노래방 노래보다 훨씬 힘들었던 만큼이나 더 낭만적이고 감동적이었다.

그 날 밤 최형은 그의 영원한 18번 애창곡 <눈이 내리네: Tombe la Neige>를 열창했다. 한국에서도 종종 들었지만 그날 밤 제네바에서의 그 불어 노래는 우리 모두를 유학의 시름이 아닌 낭만에 젖게 했다. 최형의 목소리는 그 노래가 아다모가 아니라 최형을 위해 작곡됐다는 착각을 일으키게 할 정도였고 지금까지 불어를 아는 친구들이 부르는 <눈이 내리네>를 수많이 들었지만 최형보다 잘하는 사람은 없다고 나는 단언할 수 있다.

다음 가수는 윤석만(교수). 타향에서 다리를 심하게 다쳐 우울했던 참이었지만 선배의 열창에 화답하려 목발도 없이 일어섰다. 그가 부를 노래는 에디트 피아프의 장밋빛 인생(La vie en rose)

다 부르면 5분 가량이나 걸리는 이 노래를 윤 후배는 몸 아픈 타향살이의 향수를 실어 15도 상방을 응시하며 애절하게 불러 재껴 우리 모두의 애간장을 태웠다.

두 사람은 불어 전공이라 불어 노래를 불렀지만 영어가 전공인 나는 우리말로 뽕짝을 불렀다. 나훈아와 배호의 메들리... 참석자들의 마음은 모두 한국의 고향 하늘을 달려가고 있었다.

그 후 제네바의 세 사람은 파리로 답방을 하기도 했지만 귀국 후 20여 년간 서로 각자의 길을 가느라 자주 만나지도 못했고 그런 노래를 나눌 기회는 더욱 없었다.

하얀 눈이 내린 오늘, 문득 20여 년 전의 그 밤이 생각나면서 그동안 그런 주위 사람들에게 더 잘 대해주지 못했던 점이 사무치게 후회가 되기도 하지만 만약 케리가 당선되면 나는 미국 대통령 부인의 <제네바 통역대학원> 동문을 두 사람이나 갖게 되는 영광을 누리게 될 것이다.

통역대학원을 떠나며(2018. 08. 24)

나는 79년 9월 아시아 처음으로 개원한 외대 통역대학원의 1기로 입학했는데 40년 만에 본격 인공지능 시대를 앞두고 통역대학원의 최고령 교수로 이달에 정년을 맞는다. 1980년 유학시험에 합격해 정부장학생으로 파리통역대학원 ESIT로 가 3년 수학 후 한영불 국제회의 통역사 자격을 취득했다. 내가 귀국한 1983년, 아웅 산 폭파와 대한항공기 피격 등 초유의 사건이 터지자 공중파 TV 방송들이 처음으로 위성중계를 했고, 그때 이 땅에 처음 TV 동시통역을 선보인 사람이 되었다.

최근 미북 정상회담을 통역한 언론에서 주목을 받은 미 국무부의 중년여성 통역사도 나의 후배이다. 그녀의 실력을 묻는다면 나는 한 마디로 잘라 말할 것이다. "타고났다. 정상회담이란 것이 아주 어려운 통역은 아니다. 그런데 그녀는 아이컨택트(고객과 눈 맞춤)가 완벽하다. 트럼프뿐 아니라 김정은과도 눈으로 말한다. 10 수년의 관록이 그걸 가능케 한 것이다. 사랑뿐 아니라 통역도 눈으로 하는 것이다."

유학 후 1984년 서울올림픽조직위의 수석통역사로 발탁돼 위원장의 영/불어 통역을 담당하다가 신설된 통역 안내과의 과장을 맡았다. 올림픽 성공 후 체육훈장 백마장을 받고, 한국 최초로 국제회의통역사협회AIIC 의 정회원이 되었으며, 대통령이 된 노태우의 통역을 계속 담당하다가 90년부터 93년까지 청와대 공보비서관과 춘추관장을 역임한 공로로 홍조근정훈장도 받았다.

1993년 김영삼 대통령의 비서실에서 밀려난 후 잠시 방황하다가 1994년 3월 YTN 창설 요원으로, 1999년 2월까지 국제부장으로 위성 통역실 등을 운영하면서 모든 위성중계 동시통역도 총괄했다. IMF의 여파 속에서 모교의 부름으로 99년 3월 통역대학원 교수로 임용되고 2006년 13대 원장이 되었다. 그동안 제자들과 함께 아셈회의, 월드컵, 세계감찰 총장 회의, 대구 육상, 인천 아시안게임 등의 통역으로 국가 대사의 성공에 일조했다.

나는 모교 임용 직후부터 국제협력에 진력해 세계통번역학교 CIUTI의 아시아 최초 정회원 교가 된 모교의 원장으로 2006년 CIUTI 총회를 주최했다. 그 후 2007에는 한국통번역협회 KATI를 문화부 산하 사단법인으로 창설했고 2012년부터 회장직을 4년 연임했다. 이제 나에게 남은 과제가 있다면 기계 통번역으로부터 인간 통번역을 지키는 일이다. 2017년 2월, 모 사립대학에서 인간 대 기계 번역 대회가 열린다고 했을 때 나는 심사위원장을 자처했다. 4개 분야에서 한 번도 번역되지 않은 텍

스트를 골라 KATI 회원 번역사 4명을 배치해 시합을 시켰다. 물론 양쪽 모두에게 문제는 철저히 보안을 유지했다. 그 결과 모두 인간 번역사의 승리로 끝났고 나는 심사평에서 "아직은 번역으로 밥 먹고 사는 전문 번역사들을 기계가 이길 수 없다"고 밝혔다.

체스나 바둑에서 AI가 완승하고 있어도 인간의 언어는 단순한 도구가 아니라 인간의 마음이 담겨있는 도구 이상의 것이므로 당분간 AI는 인간번역을 대체할 수 없을 것이다. 3차까지의 산업혁명에서도 그랬듯이 4차 혁명의 AI 시대에도 기계와 인간은 대결 구도가 아닌 상승의 구도를 엮어갈 것이다. 인간은 만물의 영장이므로 AI를 이용해 더 많고 더 완벽한 번역을 가능하게 할 것인바 해외 전문가들도 작금의 상황을 보면서 사태를 관망하고 있다. 그런데 유독 한국의 AI 마케팅담당자들만 곧 AI 통번역의 시대가 도래해 인간은 번역할 필요도, 심지어 외국어를 공부할 필요도 없게 된다는 과대 홍보를 펼치고 있다. 미국을 욕하면서 자식들은 미국으로 유학을 보내는 인사들처럼 그들도 자기 자식들에겐 계속 영어공부를 시킬 것이다. 통번역의 역사가 가장 긴 서구에 가봐도 우리처럼 냄비 끓듯이 하진 않는다. 다만 "아침에 음성인식으로 삽입하는 CNN 뉴스의 자막을 봐도 그렇게 오류가 많다. 하물며 인식한 음성을 번역한 후 다른 음성으로 통역하기까지는 많은 시간이 필요하다. 인간은 그 시간 동안 인공지능을 이용해 더 빠르고 더 정확한 통번역을 제공하는 길을 주도해 찾을 것"이라고 느긋하게 얘기한다.

내년 7월 초 서울에서 국내외 정통파 번역학자들과 인공지능 전문가들과의 학술대회가 열린다. 내가 2015년 KATI를 국제번역가연맹 FIT의 정회원으로 등록시켰고, 2017년에는 FIT 이사회 이사가 되어 2019년 7월 제9회 아태 통번역 포럼을 서울에 유치한 후 현재 동 행사 조직위원장으로 준비에 진력하고 있다. 2019년은 외대 통역대학원 창립 40주년이 되는 해라 나는 오는 8월 말 정년 후에도 모교에 남아 행사의 성공적 마감을 진두지휘할 예정이다. 이 포럼에는 중국번역사협회장을 비롯한 300여 명의 중국 번역학자들과 FIT 회장을 비롯한 세계 번역계의 거물들이 자리를 함께한다. 우리 측에서는 이어령 박사가 기조연설을 하고 반기문 전 유엔총장에게 개막 축사를 의뢰해 놓았다.

나의 은퇴를 앞두고 몇몇 후배와 제자들은 말한다. "그가 없는 통대는 상상할 수 없다. 그는 통대의 전설이요 신화다. 수많은 후배와 제자들을 이끌며 통역을 가르치고 통역 일을 주선하고 취업을 시켰다. 인공지능의 도전 속에서 인간과 기계 번역의 포럼까지 유치했는데 이제 그 많은 일을 누가 하나?"

아무 문제없다. 내가 아니라도 학교와 통역 계를 이끌어갈 IT 전문 후배와 제자들이 많기에 나는 죽어도 아니 눈물 흘릴 것이다.

정년 기념 비망록 후기

2016년 3월 이세돌과 알파고의 바둑 대결이 끝나고 인공지능이 통번역사들을 잉여인간으로 만들 것이라는 예상이 나오면서 통번역대학원 교수들이 불안한 눈길을 나눌 때였다. 한 후배교수가 정년을 앞둔 필자에게 "선배는 어떻게 보면 가장 행운아다. 통번역사가 많이 필요해질 것이라고 만든 통역대학원의 1기로 입학해 통번역의 성수기를 40년 만끽하고 인공지능이 통번역사를 대체할 것이라는 말이 나오게 되자 떠나게 되었기 때문이다"라고 했다.

어찌 보면 맞는 말씀이다. 우리나라에 통역사라는 직업이 없었을 때, 우리도 언젠가는 올림픽 같은 국제행사를 주최하게 되면 영어, 불어를 유창하게 통역하는 인력이 필요할 것이라는 막연한 사명감으로 동양 최초로 한국외대에 통역대학원이 설립된 것이 1979년 9월. 군 복무를 마치고 적성에 맞는 직업을 찾고 있던 필자에게 기회가 찾아온 것이다.

왜 하필 힘없는 통역사가 되려느냐는 주위의 시선을 물리치고 입학해 정부 장학생으로 그 어렵다는 파리의 통번역대학원에서 유학하고 돌아온 지 얼마 안 돼 서울올림픽조직위에 스카웃되어 파리에서 배운 영어와 불어로 신나게 통역하면서 통역안내과장 노릇을 했다. 올림픽이 끝나자말자 최초의 한국인 국제회의통역사협회AIIC 회원이 되었다. 조직위원장이 대통령이 되자 5년 동안 대통령 내외를 통역하면서 청와대 공보비서관 노릇도 했다. 출신조직이라는 뿌리가 없어 뉴스채널 YTN의 창설요원으로 국제부장 노릇을 한 지 5년 되던 1999년 초 꿈처럼 모교의 교수로 임용되었다. 후배를 가르치는 일은 그때까지 해본 모든 일 중 가장 재미있고 보람찬 것이었다.

학교에 온지 6년 만에 대학원장이 되어 국제통번역학교CIUTI 총회를 서울에서 주최했고 그 후 10년 동안 한 해도 빠짐없이 유럽 각국에서 열린 협회 총회에 참석했다. 그 국제적인 인맥 덕분인가 2016년에는 아태지역 번역포럼을 2019년 서울에 유치했고 얼떨결에 세계번역가연맹의 이사가 되었으니 "닭벼슬보다 못한 중벼슬도" 할 만큼 했다.

교수로서 제자들을 이끌고 참여한 사회 참여활동---2002년 한일 월드컵의 통역은 평생 잊을 수 없는 경험이었고 대구 육상, 인천 아시안게임도 운명처럼 참여하게 되었다. 이제 학교를 떠나면 강의 때문에 포기했던 프리랜서 통역도 해보려 한다. 체력과 순발력이 예전 같지 않아 무리할 수는 없겠지만.

이제 정년을 맞으며 40년 전 받았던 "왜 하필이면 통역을 하려느냐?"는 질문과 40년 동안 자문했던 "나는 왜 통역을 하고 가르치고 있는가"라는 문제를 더 차분하게 생각해보려 한다. 여생이 어떻게 흘러갈지 알 수 없지만 남아있는 "뜨거운 노래는 땅에 묻는다". "한 그루 늙은 나무도 고목 소리 들으려면 속은 으레 껏 썩고 곧은 가지들은 다 부러져야 한다. 물론 굽은 등걸에 매 맞은 자국들도 남아있어야한다"고 했다. 우리나라 1세대 통역사 중 한 사람이었던 필자도 이제 통역계를 떠나리라. "아름다운 이 세상 통역의 소풍 끝내는 날, 가서, 아름다웠다고 말하리라..." 그리고, 그 모든 것의 "8할이 바람"이었다고 말하리라...

인공지능 시대,
인간 통역 40년을
돌아보다

초판 1쇄 발행 2018년 3월 2일
초판 2쇄 발행 2018년 9월 5일

지은이 곽중철
발행인 김인철
총괄 · 기획 가정준 Director, University Knowledge Press
편집장 신선호 Executive Knowledge Contents Creator
도서편집 박현정 Contents Creator
전자책편집 이리나 e-Contents Creator
재무관리 문수진 Managing Creator
마케팅 파트장 백승이 Chief Marketing Creator
마케팅 이현진 Marketing Creator
발행처 한국외국어대학교 지식출판콘텐츠원
02450 서울특별시 동대문구 이문로 107
전화 02)2173-2493~7
팩스 02)2173-3363
홈페이지 http://press.hufs.ac.kr
전자우편 press@hufs.ac.kr
출판등록 제6-6호(1969. 4. 30)
디자인 · 편집 디자인퍼브 02)2254-4308
인쇄 · 제본 네오프린텍 02)718-3111

ISBN 979-11-5901-269-3 03740 정가 16,000원

*잘못된 책은 교환하여 드립니다.

HUiNE은 한국외국어대학교 지식출판콘텐츠원의 어학도서, 사회과학도서, 지역학 도서 Sub Brand이다. 한국외대의 영문명인 HUFS, 현명한 국제전문가 양성(International +Intelligent)의 의미를 담고 있으며, 휴인(携引)의 뜻인 '이끌다, 끌고 나가다'라는 의미처럼 출판계를 이끄는 리더로서, 혁신의 이미지를 담고 있다.